子どもの脳がグングン育つ

読み聞かせのすごい力

佐藤亮子
Ryoko Sato

致知出版社

「読み聞かせ」が
子どもの脳や心の成長に
とってもいいと聞くけれど、

いろいろな本がありすぎて、
何を読んであげればよいのか
わからない――。

そんなお母さんたちのために、
〝これだけは絶対に読んでほしい〟と思う
絵本を選んでみました。

読み聞かせをすると、

読み聞かせの効能
①
疑似体験ができる

読み聞かせの効能
②
時事問題を学べる

読み聞かせの効能
③
読解力が身につく

読み聞かせの効能
④
愛着形成ができる

読み聞かせの効能
⑤
思考力が育つ

こんなにいいことが!!

（筆者の実体験に基づいています）

読み聞かせの効能
⑥
言語能力が高まる

読み聞かせの効能
⑦
円滑な親子関係が築ける

読み聞かせの効能
⑧
親も考え方のアップデートができる

読み聞かせの効能
⑨
五感が磨かれる

読み聞かせの効能
⑩
人生を支える感動に出合える

はじめに

　二十一世紀は、人類にとって一体どのような時代になるのでしょうか。

　私たちが住んでいる地球は、陸海空とどこを見ても心配なことだらけで人間の知恵でなんとかしないとならない一刻の猶予もままならない状態になっています。新型コロナウイルスについても、すでに三年以上も予防に努める生活をしいられて社会や家庭、学校などあらゆるところに軋《きし》みが生じています。また、ウクライナとロシアの戦争もまだまだ先が見えない状況で、世界の国々に広い分野で深刻な影響を及ぼして、私たちは毎日の生活を根本から考え直す必要に迫られている日々から抜け出せずにいます。そのような毎日は、子どもも大人も気持ちが暗くなるばかりです。

誰もが生きていくのが大変な状況の中、小さな子どもを育てるのは、これまで以上に非常に大変なことは想像に難《かた》くありません。しかし、周りがどんな状況であろうとも、子どもは毎日大きくなるし、確実に成長して大人に一歩一歩近づいているわけですから、世の中が落ち着くのを待ってから、なんとかしようということはできないわけです。今、目の前の子どもをなんとかして、育て上げなければならないと考えれば考えるほど、途方に暮れている保護者の方は多いのではないでしょうか？　今までの、教育の考え方ややり方でいいの？　と心配になっていると思います。しかも、身近にはインターネット社会が入り込んで、お母さんやお父さんが育った時代とは大きく変わっていますから、ＡＩをはじめとしたネット情報、ＩＴ機器関係の扱いには頭を悩ますところです。最近は、その弊害が深刻になり子どもたちの心身の健康をむしばんでいるというニュースを目にすることも多くなりました。どうしたらいいのかと本当に心配でしょうがないと途方に暮れるの現実です。

コロナ禍《か》の下、人と人が会うことができなかったため、会議や仕事や授業などもオンラインになりました。今は、少しずつ戻ってきてはいるものの、人間同士のコミュニケーションは、どうするのがいいのかなど、人間関係の構築に関して根本的に考える機会になりました。人は決して一人では生きていくことはできず、他の人間との意思の疎通《そつう》は人生の最重要事項だということは再確認したという感じです。

コミュニケーションというのは、なかなか習得するのに難しい技術で一朝一夕《いっちょういっせき》では身につけることはできません。今の時代は、直接会って話すより、携帯電話で連絡を取るほうが圧倒的に多いので、人間同士が面と向かって話し合うというのが苦手な若者も多いということです。いまや、インターネットは空気のようになっているし、こちらの部屋の空気は吸ってもいいけれど、隣の部屋の空気は吸ってはいけないとは言えないように、ネットの使用を都合よく制限することはできません。

しかし、子どもに関しては、生まれてから十八歳まで、何も知らない子どもが大人になる大切な成長期なので、子どもを守るために気楽に新しいものはなんでもOKという対応ではダメなのです。今こそ、大人は子どもの成長に関して、より慎重になるべきだと思います。

人間は、精神的に非常に複雑な生き物で、思ったことをすべて言葉にはしません。時には思っていることと反対のことを言ったり、本心を隠したりもするので得《え》てして相手を誤解したりする場合もあります。お互いに、目の動きや仕草で本音を探り合うこともあります。なんといっても、まずコミュニケーションとは、とても複雑で難しいということをまず理解することから始める必要があります。子どもたちがこのような大変な時代を生きていくのに、今までよりよりしっかりしたコミュニケーション力や思考力をつけるにはどうしたらいいのでしょうか。

思考力のもとは、いわば言葉の塊であり、子どもはその言葉を操りながら思考力を高めていきます。世の中は激変したように思われますが、人間そのものは何も変わらないので育て方は今までとはほとんど変わりません。子どもの体の中に、たくさんの言葉を入れて育てることから始めるという地道に育てることなのです。

言葉もいきなり生まれたばかりの子どもに難しい言葉を聞かせても体の中には入りません。子どもが楽しいと思う言葉から始めるべきでしょう。つまり、昔からの変わらない「絵本の読み聞かせ」は鉄板の方法といえます。

「親の声で読み聞かせる」

これにまさる方法はありません。それには、多少のコツがあり、より効果的な方法でできるだけたくさんの絵本を読むことが大切なのです。この本ではまず絶対に読んでほしい絵本とその読み方を中心に説明しました。内容を参考にしていただいて、ぜひお子さんと楽しくてためになり、心に残る絵本生活を送っていただきたいと思っております。

なお、第二章の「読み聞かせにおすすめの絵本」にはそれぞれ対象年齢を添えましたが、これはあくまでも目安です。絵本に綴られる美しい日本語には、できるだけ早めに触れるほうがよいですし、お母さんのお腹の中にいる時から、ぜひ読み聞かせをしてあげてほしいと願います。

子どもたちは大きくなって人生の荒波にもまれたとき、ふと読んでもらった絵本の一ページや一言を思い出すことがあるでしょう。その絵本を読んでもらったお母さんの膝《ひざ》の温かさ、柔らかな声、窓から差してくる日差しの明るさなどがふっと思い出され、そのことが子どもたちに生きる力を与えてくれるのは間違いありません。

絵本の読み聞かせで、子どもたちに、読解力・想像力・表現力・人間力などを育み、そして何より、「たくましく生きていく力」をつけてあげてほしいと願ってやみません。

子どもの脳がグングン育つ読み聞かせのすごい力＊目次

第一章 読み聞かせをする前に

第二章 読み聞かせにおすすめの絵本〈ベスト50選〉

第三章 読み聞かせの心得13か条

第四章 読み聞かせ10の効能

第一章

読み聞かせをする前に

耳から入ってくる言葉はちゃんと覚えている

私がまだ小さかったころの忘れられない思い出があります。父があぐらを組んでその上に座りました。するとすぐに、頭の上から父が本を読む声が聞こえてきました。当時は今のように絵本や童話がたくさんある時代ではありませんでしたが、我が家には父が買ってくれた童話作家の浜田廣介《ひろすけ》さんの全集がありました。真面目な父は、その全集を一巻から読んでくれました。今でも覚えていますが、最初に読んでくれたのは『むくどりのゆめ』という作品です。主人公の子どものむくどりが、亡くなってしまったお母さんを求めて、「お母さんがいないな」と探してみたり、風の音を聞いて「あれ、お母さんかな?」と言ってみたり、結構悲しいお話でした。

この浜田廣介全集をずっと読み聞かされていたから耳に残っていたのだと

思います。小学校へ行くようになって、図書館で本を毎日のように借りて手当たり次第に読んでいたら、あるとき、「なんか懐かしいな」という感情が湧いてきました。著者を見てみたら、浜田廣介さんでした。

父から浜田さんの全集を読んでもらっていたのは、二、三歳のころです。そのときは著者が誰かなんて意識していません。父の声で文章を聞いていただけです。小学校の図書館で借りて読んだ本は、父が読んでくれていたものとは全《まった》く違う話でした。でも、「なんか口調が似ているな」と感じたのです。いつの間にか浜田さんの語り口が体に染み込んでいて、偶然に浜田さんの作品を読んだときに、それが蘇《よみがえ》ってきたのでしょう。そのことを家に帰って父に話したら、「そうかぁ」と驚いていました。

父は全集を買うのが好きで、実家には吉川英治さんの『宮本武蔵』や日本文学全集、世界文学全集などが並んでいました。週刊誌も『サンデー毎日』や『週刊朝日』、月刊誌では『文藝春秋』なども毎号買っていました。父はそれらを読み捨てにしないで、本棚にきれいに並べていました。週刊誌までとっておかなくてもいいんじゃないかと思いましたが、ずいぶん長い間、捨てずにとっていました。父は活字を読むのが好きだったのだなと思います。

私はそういう本に囲まれた環境の中で育ちました。本を読んで、耳で聞いていた浜田廣介さんの作風に気づいたとき、驚くと同時に、人間にとって言葉は大事なものなのだなと思いました。字が読めない小さなうちでも、耳から入ってくる言葉をちゃんと覚えているのです。

そのときの出来事がきっかけとなって、自分に子どもが生まれたときには、父がしてくれたように膝《ひざ》に乗せて本を読み聞かせてあげたいなと思ったのです。

本が読める子になるためには？

童謡や絵本のような子ども向けのお話は、とてもリズミカルです。とくに絵本は語尾も「でありました」というような独特な表現を使っているものがたくさんあります。童謡は絵本よりさらに一文が短くて、リズム、メロディーがついていています。その文をちょっと長くして、メロディーをとって絵をつけると絵本になります。その絵本の絵をとって、もっと複雑な文章にしたのが大人の本になるわけです。

このように、童謡、絵本、大人の本はつながっています。「本を読む子にしたい」とお母さん方はよく言われますが、そのためには、小さなころから童謡や絵本に数多く触れることが大事なのです。

小さな子どもの心はまっさらですから、そのときに聞いた声とか見た絵はすぐに刷り込まれます。そして、一回刷り込まれたものは、子どもが大きくなっても心のどこかに残っています。

私は『むくどりのゆめ』を父から読んでもらって聞いたとき、小さなむくどりがかわいそうだと感じました。だから今も、街路樹に集まるむくどりが害鳥のように言われるのをかわいそうに思います。確かにうるさいし糞《ふん》で道路を汚しますが、どうしても悪いとは思えなくて、うまく山に返すことはできないだろうか、仲良くする方法はないのだろうか、といつも考えてしまいます。

この自然界の頂点は人間であるかのように言われますが、人間だって自然の中で生かされている存在です。絵本や童話の中では人間も自然の一部で、他の動物たちと助け合って暮らしています。そんなふうに考えると、むくどりも愛しく感じるのです。

よく、絵本にはクマさんが出てきます。現実世界ではクマが町に出てくると撃ち殺されてしまいますが、絵本でたびたびクマさんに接していると、この世からクマさんが一匹もいなくなるのは寂しいなと思います。

どの絵本を見ても、「生きとし生きるもの、みんな仲良くしようね」という気持ちが表現されています。そこが絵本の一番いいところです。ただ面白いだけではなくて、みんなで仲良くしないとね、ということが伝わってくることが大切なのです。

大きくなるにつれて人間はだんだん偉そうになって、平気で生態系を壊したりしていますが、子どもはその辺にいる虫のように、パチッと叩くと死んでしまいそうなくらい小さな生き物のような存在です。だから、子どもを見ていると生物の輪の中に人間が入っていることを改めて思います。「子どももカブトムシも変わらない」と感じさせてくれるのが絵本の魅力だと思います。

クマさんが出てくると、子どもは自分が絵本のクマさんと同じくらいの大きさになって動物たちと遊んでいるような気持ちになるのです。小さいときにそういう感性を身につけさせてあげると、きっと大きくなっても、地球上で生きているすべての生き物と仲良くしていこうという気持ちになるでしょう。そういう気持ちを育てていくことが大事だと思うのです。

感情を育てるのに役立つのが絵本

そのためには、とにかくたくさん絵本を読んであげることです。たくさん絵本を読んで、子どものまっさらな心に良いものをどんどん植えつけてあげることが大事です。人間も動物も変わりなく、みんな仲良くしなくちゃいけないんだよと言葉で教えるのではなくて、仲良くできるという気持ちを自然に持たせることが大切なのです。

子どもに向かって「平和が大事だ」「戦争はダメだ」といくら教えても、心に響かなければ意味はありません。絵本はそういうことを声高に言いません。でも、『そして、トンキーもしんだ』という、戦争中に食べ物がなくてぞうが死んでいくお話（第二章で紹介しています）を読んであげると、それがどういうことなのか、何も言わなくても子どもは感じ取ります。

だから、絵本を読んだあと、「戦争はダメなんだよね」なんて言う必要はありません。人は大きくなると理屈で「人間はこうで、動物はこうで、環境はこうで」と説明するようになります。しかし、その下支えとなる心が育っていないと、字面でしか伝わらないのです。心の底から「本当にそうだよね」と思うためには、小さなうちに感じる心を育てる必要があります。

小学五、六年になってくると、本にしてもテキストにしても理屈で攻めてきます。その理屈がどんなに正しくても、人間は理屈では心を動かしません。やはり、感情が伴わないと、行動につながらないのです。その感情の部分を育てるためにも絵本が役に立つと思うのです。

読み聞かせの黄金期は〇歳から六歳まで

読み聞かせをする黄金期は、原則として〇歳から六歳までだと私は考えています。小学校に入ると子どもも忙しくなりますし、本も自分で読めるようになるからです。

ただし、例外もあります。あるお母さんから「小学三年生の子どもが『本を読んでほしい』と言うのですが、どうでしょうか」と相談されたことがあります。私は「読んでほしいと言うのなら読んであげてください」と答えました。小学生になったのだから自分で読んでほしいお母さんの気持ちはよくわかります。でも、子どもが読んでほしいと言うのなら、読んであげればいいと思います。

うちの子どもは、長男、二男、三男、長女の四人きょうだいです。一番上の長男と末っ子の長女は七歳離れていますが、長女が三歳のときに絵本を読んでいたら、十歳だった長男も寄ってきてのぞいていました。自分も読んでもらった懐かしい絵本だったから興味を示したようです。そういうときは、分け隔てせず一緒に読めばいいと楽しいですね。

お母さんのそばに小さな子どもを座らせて絵本を読んであげる光景は、とても平和で理想的な母子像という感じがします。そんな雰囲気の中で読んであげると、それが子どもの記憶の底に残っていて、何十年か経って今度は自分の子に同じ本を読んであげるときに、自らが体験した幸せな雰囲気がそのときの情景とともに蘇ってきます。だから絵本を読むときは、情景のセッティングも大切にしてください。私の生まれた家は大きくて古かったのですが、日差しが差し込んで冬でも暖かかったのです。その景色を今でも思い出します。

人間というのは、そういう小さな幸せな情景を忘れずに覚えているものです。大人になるといろいろ難しい問題にも直面して、時には生きていくのがつらいと感じることもありますが、子ども時代の幸せな記憶が心の中にたくさんあればあるほど支えになって、前向きに生きていけるのではないかと私は思っています。

その幸せな記憶を下支えしてくれるツールが絵本なのです。読み聞かせの黄金期が〇歳から六歳というのも、幸福感を子どもの心に植えつけやすいからです。だから、六歳までに絵本をたくさん読んであげていただきたいのです。

大切なのは、親の声で読むこと

子どもにとって、絵本は両親の声で読んでもらうのが一番嬉しいのです。子どもはお腹の中にいるときから両親の声を聞いているといいます。そのいつも聞いて慣れ親しんでいる声で読んでもらうと、安心できます。有名人の朗読ＣＤなどは大人が疲れたときに聞くのはいいけれど、子どもにとっては親の声のほうが断然いいのです。

読むのがうまくなくてもかまいません。ある中国人のお母さんから「私が絵本を読んでもいいんですか」と聞かれたことがあります。お母さんは日本語がペラペラですけれど、ちょっと訛《なま》るのを気にしていたようです。だから「中国訛りの日本語で絵本を読んでいいですか」と聞かれたのです。

私は「訛っていても大丈夫だから、お母さんの声で読んであげてください」と答えました。子どもはお母さんが読む絵本の言葉以外にも、たくさん日本語を聞いています。だから、お母さんの訛りを気にする必要はないのです。実際、その子は全く訛っていませんでした。

大切なのは親の声で読むということです。親の声だから、内容が耳の底に染み込むのです。『むくどりのゆめ』を聞けば、むくどりがかわいそうだなという気持ちが心に染み込んでいきます。その後の人生でつらいことがあっても、その絵本を読んでもらったときの幸せな気持ちが支えになって乗り越えて生きていけるのです。

大人が読んでも感動できる絵本を与える

絵本がなかったら、日常生活で親が子どもにかける言葉も貧弱になってしまいます。「早くご飯食べなさい」「これ、おいしいでしょう」「お風呂入りなさい」というような当たり前の言葉ばかりだと、子どもの言葉も貧弱になってしまいます。文学的な表現を使わないと、きれいな言葉が子どもの中に入っていかないのです。

だから、絵本はいいものを選ばなくてはいけません。良い絵本とはお話が優しくて、終わり方がなんとなくほんわかしています。私は絵本を読み始めるとき、まず、くもんの推薦図書を参考にしました。子育ての始めのころは、どのような絵本がいいのかわかりませんでしたが、推薦図書を読んでいると目が肥えてきました。子どもの興味を引くことが第一の目的でとりあえず楽しければいいという絵本は、内容が薄く今一つ物足りなく感じるようになりました。

良い絵本は大人が見ても感動するものです。そして、大人の鑑賞にも堪《た》えられる奥の深さを持った絵本のほうがやはり子どもの心にも残ります。子どものウケだけを狙った絵本は内容が表面的だったり、絵も描き込んでいなかったり、デッサンも今イチで、どこか雑な感じがしますね。

だから、子どもにはしっかりと描き込んだ絵本を選んであげないといけません。小さな子どもの感覚を甘く見てはダメなのです。子どもは感性で生きているので、つまらない絵本ばかり与えていると、つまらない感性の人間になってしまいます。だからいつも良いものを与えて、感性をより良いものにしなくてはいけません。感性を育てれば、自分でも良い本を選ぶことができるようになります。

本を読ませるには環境づくりが大事

子どもは、人間の原点です。子どもを観察していると日々身長と体重が増えていき、目の前でご飯を食べながら細胞分裂しながら大きくなって、いろいろなものを吸収していくのがわかります。だから、食べ物も大事ですし、遊ぶのも大事ですけれど、同時に心を育てることを大事にしなければならないと思います。心は放っておいては育ちません。これは、ちゃんと考えた食べ物を与えたほうがしっかり体が育つのと変わりません。

だから、子どもに与える絵本はよく考えて選ぶべきなのです。とはいえ、どんな絵本を与えればいいのか、最初はわからないお母さんが多いと思います。ほとんどのお母さんは、自分が小さなときに読んでもらって以来、絵本を見ることはなかったのですから、どんな絵本を与えればいいのかわからないのは当然です。私もそうでした。本屋さんに行って絵本のコーナーを見ても、並んでいる絵本が自分が小さなころに読んでもらった絵本とあまりに違うのでびっくりしました。結局、そのときはどれがいいのかわからず一冊も買わずに帰ってきました。

そのあと、私はくもんの推薦図書のリストのはじめから、まず二百冊の絵本をファックスで本屋さんに注文することにしたのです。最初は図書館に借りに行ったりもしていましたが、小さな子を連れて図書館に通うのは大変だし、返却日までに動きが取れないことが多いので、「手元にあればいつでも読めるから」と、思い切ってまとめ買いしたのです。二百冊というと、一冊千円として二十万円ぐらいです。高いなあとは思いましたが、もともと本は借りるよりも買うタイプだったので、それほど躊躇《ちゅうちょ》はありませんでした。

本屋さんから本が届いて、さっそく読み聞かせを始めると、長男は思った以上によく聞いてくれました。私自身も楽しくなって、DIYで何百冊か収納できる本箱を作ることにしました。普通の本箱だと縦に長いから、小さな子どもが自分で好きな本を取れません。それでは意味がないと思い、細長い白い板を買ってきて二段の本棚を作りました。二段だと子どももつかまり立ちできるのです。そこに絵本を入れておくと、長男は自分で取って床に座り込んで見るようになりました。

人間は手の届くものなら取るけれど、遠くにあると「あとにしよう」と思います。だから動線はすごく大事で、触らせたいものは動線を短くして手前に、触らせたくないものは動線を長くして遠くに置くというのが基本になります。絵本は読ませたいので、すぐに手に取れるように、二段の本棚は八畳の和室の三方向を囲むように置きました。

本を読ませるためには環境づくりが大事だと考え、私は本のある和室の隣のリビングに置いてあったテレビを子どもの目の届かないところに移動しました。テレビのバラエティ番組などでは、子どもの耳には入れたくないような言葉が飛び交っています。テレビはつけるのは簡単ですが、消すのが難しい。ともすれば垂れ流し状態になるので、いつもいい番組ばかりが流れているというわけにはいきません。そこで、一台しかないテレビを二階の奥の部屋に上げてしまおうと考えたのです。

主人は「ニュースが見たい」とか「阪神の試合をチェックしたい」と言って抵抗しました。私が「勝ったか負けたかは、明日の新聞で見たらいいじゃない」と言うと、「いやいや、早く結果を見たい」と二週間ぐらいごねていました。大人でも習慣を断ち切るのはなかなか大変なのです。

そこで、主人が不在のときを見計らってテレビを二階に上げてしまいました。主人が帰ってくると、案の定、「ない！」と大騒ぎ。ついでにソファも粗大ごみに出してしまったので、「座るところがない」「ビールを飲むところがない」とまたまた大騒ぎでした。

本人はソファに座って、ビールを飲みながら、テレビで阪神のゲームを見るのが楽しみだったのに、その生活を奪われたわけです。でも、ビールを飲むのはどこで飲んでも一緒だから、「お父さん、床にビールを置いて飲んだらいいいじゃない」と言ったら、渋々飲んでいましたが、さして問題はなさそうでした。テレビも「二階に行って見ればいいじゃない」と言ったら、一日目は「うん」と言って二階で見ていました。でも、一人で見るのが面白くないらしく、阪神の結果だけ見たらすぐ下りてきて、次の日からは新聞で見るからいいと言って二階にも行かなくなりました。

なければないで人は慣れるものです。あんなに見たいと言っていたのに、わずかな階段を上がるだけの手間が億劫《おっくう》なのです。それが人間というものかと思って、それ以後、私も手元には必要なものだけを置くことに気をつけ、見せたくないものや不要と思ったものは遠くに置くことにしました。

私も子どもが生まれる前は、松本清張原作の二時間ドラマが大好きでよく見ていました。テレビを二階に上げてからは見なくなったのですが、新聞のテレビ欄をチェックして松本清張のドラマがあると「見たいな」と思ったものです。

あるとき、やはり見たくなって、長男を下の部屋に寝かしつけてから、階段をそーっと上がって二階の部屋で一人でこっそりテレビを見ていました。すると、すぐに階段の下から泣き声が聞こえてきます。それで下りておっぱいをあげたり、あやしたりして、また寝たらそーっと上がって見るのですが、私がいなくなるとすぐにピーッと泣き出すのです。子どもというものは、本当に親がいないことに敏感ですね。

結局、一階と二階を何度も往復したので、結局、ほとんどドラマは見ることができませんでした。不思議なことに、子どもってお母さんがいなくなった途端に泣き出します。何かを感じ取るのでしょうね。「十分だけママにちょうだい」と言っても、子どもには通用しないのです。

そのとき、テレビ見たさに上がったり下がったり、うろうろしている自分の姿を冷静に考えたら、なんだか自分で情けなくなりました。そこですっぱり、「テレビは子育てが終わった後で見たらいい」と諦めて、「これからは二十四時間、私の時間を子どもにあげるぞ」と覚悟を決めたのです。私の最後のあがきが終了した瞬間でした。

「環境」と「習慣」がそろえば子どもは自然に育つ

環境づくりは徹底することが大切です。テレビがなくて絵本ばかり周りにあれば、絵本を見るようになります。うちにはおもちゃも山ほどありましたから、絵本を見ていないときは、オセロやトランプやかるたをしていました。これらは一セットでは足りなくて、同じ柄のトランプは二セットも三セットも買いました。

また、当時はテレビに接続するファミコンの時代でした。新聞や雑誌などで「子どもにとって、ファミコンはいいのか悪いのか」という討論や対談が盛んに行われていました。「手先が器用になる」とか「ファミコンでコンピューターの扱いに慣れるのは大切だ」という教育者の意見もありました。その反論として、「日本で一番ハイレベルなコンピューターを使っているのはパチンコだが、パチンコをして賢くなるのか」という意見もありました。今考えたら首を傾《かし》げたくなる議論ですが、当時はそういう感じだったのです。

私としては、子どもがファミコンをするのは反対でした。人間は堕落の坂を転がり落ちるのは早いですから、そういうきっかけはつくらないようにしないといけないと考えていました。時間を決めてやらせればいいという意見も当時ありましたが、人間は決められたからと言ってそのとおりにはできないのは周知の事実でしょう。何事も、他のことに支障のないように程よくするという理想的なことはできません。そんなことができたら、人生は苦労はしないわけです。やめさせなくてはいけないものは、最初からしないのに限るという考えで、うちの子たちにはファミコンを購入しませんでした。ゲームに依存する問題は当時から問題になっていましたので、問題が起きてその解決方法を考えるより、問題が起きないように考えるほうを当然優先させるべきだと思ったからです。

今、子育てがほとんど終わったところで振り返ると、環境と習慣の二つがそろえば子どもは自然に育つように思います。ただ、その二つをそろえるには、親が真剣にならなくてはいけません。テレビは見ないと決めたら見ないように工夫をする。絵本を読ませたいのならば絵本しかない環境をつくる。

そうしないとなかなか実現できません。テレビやゲームがあれば、子どもは絶対にそちらに行ってしまいます。

何事も最初が肝心です。一度与えたものを取り上げるのは難しいのです。大人だってそうです。アルコールもタバコもパチンコも、楽しいものを手にしたらやめるのは大変です。だから、最初から与えない。そこは親が腹をくくらなければいけません。

子どもの集中力は絵本やおもちゃ遊びで養われる

私は、子どもが本棚から絵本を出して読んだあとに「片付けなくていい」と言っていました。片付けをすごく大事にするお母さんがいますが、読むことが大事なので、片付けるのはどうでもいいと思うのです。絵本でもおもちゃでも、読んだり遊んだりしている最中に後片付けが頭の隅にあったら、子どもも心から楽しめません。

子どもは絵本やおもちゃで遊びながら夢の中で生きています。三歳ぐらいの子を見ていると、おもちゃに囲まれて本当に幸せそうにしています。親は夢の途中で、無粋な声かけをして邪魔してはいけません。「すんだら片付けなさいよ」なんて言えば、一瞬で夢から覚めてしまいます。

わが家の子どもたちが三、四歳のとき、おもちゃの置いてある部屋へ行って最初にするのが、山のようにおもちゃが入った四つの衣装ケースを全部ひっくり返すことでした。そして、おもちゃの海の真ん中で遊ぶのです。一度に遊べるのは一個か二個なのだから、ひっくり返す必要はないと思うのですが、必ずひっくり返すところから始まりました。

私は、それを注意もしなかったし、遊ぶだけのおもちゃを出して遊びなさいとも言わなかったし、すんだら片付けなさいとも言いませんでした。大人が片付ければあっという間に終わることなので子どもにさせる必要はないし、遊ぶことに集中させてあげたかったのです。そばで見ていると、子どもはおもちゃで遊んでいますが十分もすると、飽きたのか絵本の置いてある部屋に行って絵本を見始めるのです。その間に私はプラスチック製の塵《ちり》取りでおもちゃをどんどんすくうようにしてケースに戻しました。私がおもちゃを片付け終わったら、子どもたちがまた集まってきます。どうするかと見ていたら、また同じようにケースをひっくり返して遊び始めました。

でも、それも怒ったりしませんでしたし、腹が立ったりもしません。こんなことができるのは、子どもならではで、「素晴らしいな〜」と子どもの自由さが羨《うらや》ましかったです。子どもの小さな手で片付けるのは大変ですが、大人ならあっという間にできてしまいます。片付けよりも、彼らが遊びに夢中になるほうを優先させていました。夢中になっているときに、余計な声かけをして集中していることを中断させることは集中力を育むことを妨げると考えたからです。

とくに小学四、五年生になると、お母さん方は子どもが勉強に集中しないと悩みます。それは絵本やおもちゃに没頭して遊んでいるときに、「片付けなさい」という一言で集中力を途切らせてしまったことと無関係だとは思えません。子どもが集中している感覚は、絵本であろうが、おもちゃであろうが、算数であろうが、国語であろうが、どれも変わりはないのです。集中力は一つのことに没頭している中で育まれていくものです。

お母さんたちは、算数や国語といった勉強には集中してもらいたいけれど、絵本やおもちゃのように勉強と直接関係ないものは平気で「片付けなさい」と言って集中を途切らせてしまいます。でも、集中力の源は、小さいときの絵本やおもちゃ遊びにあるのではないでしょうか。子どもに集中力を身につけさせたいのなら、我を忘れて絵本を見たり、おもちゃで遊んだりしているときは邪魔しないことです。

子どもたちは、何かに夢中になって、その中に入り込むという感覚を経験として身につけています。「何かに没頭する」という経験を積めば、その次にやらなくてはならない算数や国語にも集中できるのです。お母さん方は勉強だけ都合よく集中させようとしますが、それは無理な話です。遊びも勉強もつながっているのです。

子どもの持ってくる本を絶対に否定してはいけない

人間の精神の成長は○歳のときから大人になるまでずっとつながっています。おもちゃや絵本への興味が中学受験の合格までつながっていると言ってもいいでしょう。私は〇歳から十八歳までが親が関われる子育てだと思っています。

子どもたちには、小中高の十二年間の大変なデスクワークの時間が待っています。それは大人として生きていくための下支えとなる学力を身につける大切な期間です。十八歳からの人生を切り拓《ひら》いていくためには、この十二年間の学校生活を楽しく前向きに送れるようにしなくてはいけません。そのために必要な土台は、しっかりした基礎学力となる読み書き計算をしっかり身につけることなのです。中でも読むことは、年齢に合わせて育てなければならない能力なので、親はその時々でしっかり身につけさせてあげなくてはなりません。その能力の育成にまず役に立つのは、絵本の読み聞かせなのです。

私は、最初に二百冊の絵本を買いましたが、そのあと、さらに百冊を追加しました。しかし、さすがに家の中がいっぱいになってきたので、一番下の子が二、三歳ぐらいになったころ、子どもたち全員を連れて毎週日曜日に奈良の市立図書館に行くようになりました。当時は一人六冊まで借りられたので、子どもたちは図書館で自分の好きな本をそれぞれ六冊ずつ選ぶことにしていました。親も六冊借りられましたから、一家で三十六冊借りることができました。図書館は宝の山で、子どもたちは、本棚の隅々までのぞいて読みたい本を探していました。紙芝居もたくさんあったので、それも借りて全部読みました。帰ってすぐに紙芝居を読んでいたのですが、絵本とはまた違って、目の前の絵が描かれた紙が次々とめくられて物語が進んでいく様子には、目をキラキラさせていたことが忘れられません。

子どもを本好きにしたいのなら、子どもがどんな本を選んでも否定しないことだと思います。あるとき、「子どもがウルトラマンの図鑑ばかり読みたがるけれど、どうすればいいでしょうか？」と質問を受けたことがあります。私は「ウルトラマンの図鑑を買えるだけ買ってあげてください。『おとうさんはウルトラマン』というウルトラマンの絵本もあるのでそういうものも買って、全部ウルトラマンにしたらどうでしょうか」とお答えしました。

その方はそれを実行してくれたようで、しばらく後で連絡が来ました。そして、「私は他の本も読んでもらいたいと思っていたのですが、あそこまでウルトラマンを楽しんでいるのなら徹底してウルトラマンでいいかなと好きにさせていました。そうしたら、半年ぐらいしたらウルトラマンに飽きて、次は普通の本を熱心に読むようになりました」と言って、すごく喜んでいました。

たいていのお母さんはもっと勉強に役立つような絵本を読ませたいと思うものですが、子どもの興味を優先して大事にしてあげてほしいと思います。

ウルトラマンはテストに出ないかもしれませんが、子どもが好きなのだからお腹いっぱいになるぐらい読ませてあげてほしいと思います。そのときに、大好きなものを徹底的に追求するという気持ちを味わわせることが人生で大事なのです。お母さんが読ませたいものを押しつけても、子どもは心からは納得いかないし何よりも楽しくないのです。子育ては、「楽しい！」とどのくらい子どもに心から思わせるかが重要なポイントなのです。楽しいことに、いわば「過集中」することが、のちの「集中力」「やる気」「モチベーション」「自己肯定感」につながるのは間違いありません。そのときの対象は、親が望んでいるものである必要はありません。子どもの興味に任せましょう。子どもの興味は果てしなく、次々と興味の対象が広がっていきますから少し離れて温かく見守る余裕を持つことです。一つのことに集中した体験は、必ず成長の糧《かて》になるはずです。

お母さんが興味を持ってほしいものに子どもが興味を持つとは限りません。多くの場合、子どもは親の期待を裏切りますから「えっ?」と思うものに集中したりします。子どもはそうそう親の都合よくは育ちませんが、そのことを「かわいいな、面白いな」と思ってほしいと思います。まず子どもの興味を決して否定はせず、逆に積極的に付き合ってあげましょう。親も一緒に楽しむと子どもも大喜びです。

大人でも、自分の趣味や考え方は個人的なものなので意外と範囲も狭いものです。だから私は、自分の好みで本の選択をするのは絶対にやめようと思いました。子どもの好みや趣味を大事にするということは、子どもを一人の人間として尊重することです。たとえ、それが一歳や二歳の小さな子どもでも、体が小さいだけで一人の人間としての尊厳は持って接するべきだというのは私の一貫した子育ての考え方です。

子どもが小さなときは、親が何から何までお世話をしないといけないので、つい上から子どもを見下ろしてしまいますから、親の付属物のように考えがちです。しかし、そのような考えだと子ども自身もうまく親離れができなくなります。「子どもが親離れをできない」と言いますが、大きくなればどの子どもも自然と親から離れたがります。ひな鳥が飛び立つように、勝手に飛びたくなるものなのです。

ひな鳥が親離れをしようとするときに、親がひな鳥の足を引っ張って「まだまだ飛ばないで、もうちょっと、そばにいてよ」と言いがちなのです。でも、子どもは親が納得いくちょうどいいと考える瞬間に、飛び立つような都合のいい成長の仕方はしません。親が思う「飛び立ってほしい」時期と、子どもが「飛び立ちたい」と思う時期は多くの場合、一致しないのが世間の通例です。親のするべきことは、飛び立つ子どもの足を自分の都合で引っ張らないことです。私も、引っ張ることだけは決してしない、と覚悟していました。

そのためには、生まれた直後から子どもと親は別人格だと考えて育てることが基本です。そうしないと、大きくなった子どもに寄りかかることになりますから。それって、前にどんどん歩んでいく子どもにとって本当に迷惑なのです。親も歳をとると親子関係も変わってきますが、少なくとも子どもの旅立ちのときには子どもの邪魔はしないようにすることとです。前もってそう考えておくことは、子離れ、親離れがうまくいくかどうかの大きなポイントになるように思います。

一万冊は人間を変える魔法の数字

私は子どもたちには人間として豊かな人生を送ってほしいと願っていました。そのためにはどうするかと考えたときに、やはり人間は言葉で生きていますから、豊かな言葉でしっかりした思考力を育てることが最優先だと考えたわけです。豊かな人生を送るためには、言葉でしっかりと深くものを考えることが絶対に必要なのです。

それで、とにかく子どもの体の中にいろいろな言葉をたくさん入れてあげようと考えました。その言葉を使って何を考えるかは子どもにまかせるとして、その土台となる言葉をたくさん入れてあげて、人の心に響くようなきれいな日本語を身につけてほしいと思ったのです。

そのために始めたのが絵本の読み聞かせです。しかし、長男が生まれたばかりのころは私も未熟な母親だったので、ばたばたと忙しく時間が過ぎて、なかなか絵本を読むことができませんでした。家事だけで一日が終わり、新聞を読む暇すらなくて、毎晩寝る前には「今日、私、何をやったかな」という感じでした。大人として一歩も前に進んでいないような気がして、それがストレスでした。「こんなことだったら、何もしないまま、あっという間に子どもは大きくなってしまう」という焦りも感じました。

何か子どもの役に立つことを自分の仕事にできないだろうか、と考えたとき、「三つ子の魂百まで」という言葉が思い浮かび、とりあえず三歳までを一区切りにして絵本を一万冊読もうと決めたのです。

なぜ一万という数字を目標にしたかというと、いくつか理由があります。

一つは、司法試験を受けた主人から「一万時間勉強したら通ると言われていた」と聞いたこと。二つ目は、バイオリンの鈴木メソッドで有名な鈴木鎮一《しんいち》先生の本に「一つの音を一万回弾くと良い音になる」と書かれているのを読んだこと。そして三つ目に、たまたま見学に行ったくもんの教室に「歌二百読み聞かせ一万、賢い子」というポスターがあるのを見たことです。

これらが頭に残っていて、「一万というのは人間を変える魔法の数字なのかもしれない」と思い、絵本を一万冊読み聞かせてみようと決意したのです。そして、「長男が三歳になる誕生日の一日前までに一万冊の絵本の読み聞かせをやる」と主人と話し合いました。

そのとき長男はすでに六か月になっていましたから、二年半で一万冊を読むことになります。電卓で日割り計算をすると、一日十五冊読まなければなりません。私は毎日何冊読んだかを数えて累計を出し、冊数をカレンダーに記録していきました。それは、着実に仕事をこなす大人のような気分になりますから、小さなことでしたがそれだけでも毎日が有意義に思えたものです。

目標を「見える化」することが達成の秘訣

一万冊の絵本の読み聞かせをして子どもに美しい日本語を入れたいという目標を達成するためには、数字で「見える化」することが必要だと考えました。読む本は子ども向けの絵本ですが、冊数を実績としてカウントするのは仕事と同じです。具体的な数字の目標を立て、現実的な方法を選んで進めたことが、一万冊の読み聞かせを達成できた理由だと思います。

毎日、累計の冊数をカレンダーに記録しながら読んでいくと、毎日貯金がたまっていくように感じて楽しくなってきました。もちろん、忙しかったり、子どもが体調を崩したりして十五冊読めないこともあります。もし十冊しか読めなかったとすると、五冊は借金になります。それを返すために次の日に二十冊読むのは大変なので、借金は分割払いにしようと、十六冊ずつ五日に分けて読んで返していきました。

逆に、雨の日曜日などには読む冊数が増えて、貯金ができました。貯金があると、次の日に忙しくても、「今日は五冊でオーケーだ」と気分が楽になります。累計を出すことが頑張れた大きな理由なのは確かだと思います。

私は本の冊数を細かく数字で計算して管理していました。同じ本を読んでもカウントしましたし、下の子たちと一緒に読み聞かせをしたら、それぞれの子に一冊ずつカウントしました。だから、決して無理をしたという印象はありません。

三歳までで一万冊というと、多すぎるのではないかと驚かれますが、人間は多少の負荷をかけないと進歩しません。しかし、大きすぎる負荷はストレスになり、楽しく読むこととかけ離れてしまいますし、負荷が少ないとやった充足感が持てないしで、やはり一万冊というのは今考えてもちょうどいい数字だったと思います。

一万冊の読み聞かせをして「見える化」の大切さを知った私は、子どもの勉強にそれを応用しました。子どもたちが小学生になって塾に行くようになったときに、いろいろなことを数値化したのです。「算数、頑張ってね」と言うだけでは意味がないと思ったので、「三十分間で三問やってね」というように、具体的な数字にして指示を出すことにしていました。ゴールが決まると、子どもも頑張れるのです。

声をかけるときに、曖昧《あいまい》な言葉は使わないように気をつけていました。たとえば、よく使う「頑張ってね」という言葉ですが、この言葉は実は非常に曖昧な言葉なのです。「頑張って」と言われても、「何をどのようにどのくらい」頑張ればいいのか全くわかりません。子どもにとっても「そう言われてもね」となります。しかも、怒られながら言われるので、気分は悪いしでより勉強などはしたくなくなります。それよりも、短期的なゴールをはっきり決めて声かけをしたほうが子どもはやる気が出ます。子どもをやる気にさせるには「具体的なゴールを量と時間で決めて指示する」ことなのです。

大人だって、「ずっと走っていてね」と言われても走れませんが、「十分間走って」「一キロ走って」とゴールを決めれば走れます。また、数値化すると目標が具体的になるので成果が目に見えます。成果を出すために、頑張ることが楽しくなるのです。

絵本を読んでいると、お母さんはこの時間を家の片付けや用事に使いたいと思うことも多いでしょう。私も何度もそのような気持ちになることもありましたが、その度に「子どもはいつまでも子どもではない。二度と小さくはならないから、今の目の前にいる子どもの時間を大切にしよう。家事や自分のやりたいことは、後回しで」を自分に言い聞かせていました。

でも、子育てが終わって振り返ってみて、自分のことは何もできなかったあのころの時間は、本当に幸せな時間だったなと思います。子どもはいつまでも子どもではありません。せっかく子どもと出会ったのですから、仕事をしているお母さん方も、ぜひ家に帰ったら子育てに集中することをおすすめします。そのときに考えた忙しい生活をなんとかしてやりこなすというワザは、後々、必ず仕事にも役立つはずです。

継続の秘訣①――お母さんと一緒にする習慣をつける

私は一日に読む十五冊の絵本を前日の夜に選んでいました。その日にくまさんときつねさんの出てくる絵本を読んだとしたら、次の日はくまさんときつねさんが主人公の絵本は外して、子どもが飽きないように工夫しました。夜、子どもたちが寝た後に彼らの顔を思い浮かべながら、「明日は何を読もうかな。どれがウケるかな」と考えながら絵本を選ぶのは楽しい作業でした。選んだ十五冊は食卓の上に重ねておきました。それを上からどんどん読んでいくと、ノルマが減っていくのが一目でわかります。これも「見える化」の一つです。

絵本選びに限りませんが、子育ては段取りが肝心です。事前に読む本を決めておくと、たとえば、ご飯の最中に「絵本を読んで！」と言われてもすぐに読むことができます。「読んで」と言われて、やれやれと本棚から絵本を選ぶようでは、段取りが悪いといえます。読む本だけ決めておけば、読む時間は子どもの生活スタイルに合わせればいいというのが私の考え方です。私は、家事の合間や子どもたちが遊び疲れたときなどにちょこちょこ読んでいました。

働いているお母さんは忙しいので朝は難しいかもしれませんので、たとえば仕事から帰ってきて着替えたら、すぐに子どもの横に座って三十分読むということを習慣にするのはどうでしょうか。「帰宅してすぐの三十分の習慣」を子どもが大きくなれば「学校の宿題、付き合うよ」の三十分にできます。「帰ってすぐに子どもの横に座る」ことが習慣化のコツです。そのときは、着替えた後すぐに横に座る。コーヒーを飲んだり夕食の準備をしたりしない、という感じで頑張ってみてください。

よくあるのが「ママが帰って来る前に宿題をすましておいてね」とか「プリントをしておいてね」ということです。でも、言っておいても、子どもは絶対にやりません。学校から帰ってきて疲れているし、親の目がないのにするわけがありません。でも、お母さんは仕事から帰ってきて「やっておきなさいって言ったでしょ！」と怒ります。お母さんとしては、自分のいない間に宿題をやっていてくれれば助かるからそう言うのですが、お母さんがいないのに子どもが自主的に宿題をするわけはないのです。そういう子どもの心理を無視して、親の都合を優先してもうまくはいきません。

こういう場合は、子どもの気持ちを考えて「お母さんが帰ってくるまでは思いっきり遊んでいてね。その代わり、帰ったらすぐに宿題を見てあげるから」と言えばいいのです。子どもは、お母さんが帰ってくるまで何の心配もなく遊べますから、時間の使い方としては満足です。そうすれば、子どもも「宿題をお母さんとできる」という安心感と楽しみを待つことができます。

「帰ってくるまでにやっておいてね」と言いたい気持ちはよくわかります。でも、それはちょっと難しいことを理解してくださいね。

子どもは正直で、心のありのままで生きていますから、その気持ちをまず考えてあげて何かを無理やりにすることは避けなければなりません。

絵本の読み聞かせも無理やりに聞かせることは意味がありません。とくに絵本は読んでいるときに幸せな気分になってほしいので、「十五冊読まないといけないんだから嫌でも聞きなさい」とか「せっかく読んでいるのだから聞きなさい」という言葉は言わないことです。読み聞かせは、「読むほうも聞くほうも楽しくて仕方ない」という関係をつくることです。

継続の秘訣②――同時並行で行い、効率を求めない

読み聞かせを継続する秘訣は、絵本を読んでいるときの子どもの素直な反応をひたすら楽しむことです。同時に、子どもを通して人間の本質を見極められます。それは、親も自分自身のことを考え直すきっかけにもなります。

子どもは人間の原点ですから、よく観察していると「あ、自分にもこういう

ところがあるな」と思うことがたくさんあります。そこに気づくと、自分の人生とか自分の母としてのあり方や親としての立場を見直すことができるのです。

そして、何よりも大事なのは子育てと仕事や家事を両立しようと思い込まないことです。私は専業主婦でしたが、最初は子育てと家事との両立は当然だし、その実現に努力するべきだと思っていました。しかし、実際問題として現実の生活ではなかなかうまくできません。「私は、やり切る能力が足りないのだ」と日々落ち込みそうになっていました。でも、ある日、実家の両親が子育ての手伝いに来てくれたときに、子どもたちの世話を頼んで私はひたすらやりたかった家事をすませたら、なんとあっという間にすんで驚いたことがありました。よく考えてみると、家事にアップアップしていたのは、私の能力不足ではなく、ただ子どもの手が離せず時間が足りなかっただけだったのだと気がついたわけです。私の主婦としての力不足ではなく、ただの時間不足が原因だと気がついたことは、私の子育ての意識改革の転換点でした。そこで、何が問題かと考えると、「家事と子育ての両立」に対する私のこだわりでした。

その時点から、「両立」という言葉を捨てることにしました。よく考えると、「両立」というのは、二つのことを両方とも立派にするという意味です。そもそも、時間的にも物理的にも両立しようにもできないことを理想である「両立」という言葉に追い詰められていたのだと気がついたのです。それ以来、どうせできもしないことをできないと悩むのはやめることにしました。しかし、子育ても家事もしなければいけないので、「家事と子育てを同時並行」でする、と言葉を言い換えることにしました。することは全く同じことをするのですが、「両立」を「同時並行」と言い換えるだけでかなり気持ちの負担が軽減します。つまり、「同時並行」は同時にやるだけで何も「立派にやる」という意味はないからです。そのときに、「言葉というのは魔法のようだ。言い換えるだけで、全く違うものになる」と我ながら感動しました。それ以来、言葉は人間の精神に大きく影響を及ぼすこと、それゆえに使い方は最大限の注意を払うべきだと肝に銘じたわけです。

大人は、何においても「効率よく」やりたがります。最小限の労力と時間で、最大限の成果を求めるのが大人の考える「いい仕事」ということです。それに比べて、子どもという生き物は、「効率」の正反対の世界で生きています。私も、子育てをしながら「子どもってなんと非効率の塊みたいなことばかりなのだろう」とため息をついたことは何度もありました。しかし、それが本来の子どもの姿なのだから、思い切って大人の効率を求める意識を捨てて、「子どもの非効率」に徹底的に付き合ってみようと思いました。物事をいつも効率よくと思って見ていた大人が、非効率という切り口で見てみると、物事の違う側面が見えてきます。私も「なるほど、そういうこともあるのか」と目からうろこがポロポロ落ちたことも一度や二度ではありません。効率よく子育てをしようと思ったらストレスがたまるだけですから、ここで非効率ということを大人の立場から追求してみるのも面白いです。子どもも、成長するにつれて効率を求めざるをえなくなりますから、今のうちに、効率を度外視してというより全く無視して、自分の気持ちのなすがままに非効率の道を突っ走る天使のような子どもに付き合いませんか？「なんで聞き分けがないの！」と子どもにイライラをぶつけることはやめて、「ふ〜ん、そうくるか」と面白がるのも子育ての醍醐味《だいごみ》です。

親も子育てが終われば、また効率よく生きる大人の世界に戻ります。そうしたら、もう二度と非効率を求めることはないでしょう。「それなら子どもを育てている間だけは非効率をひたすら求めてみよう、それは今しかできないことだ」と思うと、子育てとはなんと贅沢《ぜいたく》な時間だろうかと思うようになりました。

そして、ほとんど子育てが終わった今の感想は、「面白かった」の一言に尽きます。子育てから本当にたくさんのことを学べたと感謝しています。

一万冊を読んだ後の子どもの変化

お風呂のバスタブに一滴ずつしずくが落ちていても、水は増えているようには見えません。でも、時間をかければ必ず満杯になります。さらに続けると表面張力で水面が盛り上がってきて、次の一滴が落ちた瞬間に水がバスタブから一気に水があふれ出します。

私はそれが一万という数字なのだと思っていました。だから、一万一冊目を読んだときに子どもに何か変化が起こるのではないかと、ほのかに期待をしていました。主人にも「一万冊読むと人は変わるらしい」と言って、読み聞かせを手伝ってもらっていました。

三歳になる前日に一万冊の読み聞かせを達成した私は、記念すべき一万一冊目の読み聞かせを主人に譲ることにしました。主人は長男を膝に抱いて絵本を読み始めましたが、読み終わると振り向いて「ママ、何も変わらないんだけど」と不思議そうな声で言うのです。主人は、何かが長男に起こるのではないかと、期待で胸をワクワクさせて読んだらしいのです。

しかし、考えてみれば、一万冊の絵本を読んだからといって、三歳の子どもが一日で成長して劇的に何かが変わるということはないはずなのに、主人の様子はちょっと微笑《ほほえ》ましかったです。いきなり長男がペラペラ難しいことをしゃべり始めるわけはないのに、私自身もちょっと期待したこともあって「あら〜」という感じでした。でも、よく考えると、読んであげたことは長男の体の中に入っているわけだから、「見えないところで成長しているから大丈夫よ」と主人を慰めておきました。

それでも、一万冊は一つの基準になるのではないかと思っています。特別な読書家になったということはありませんが、文字に慣れていたため、本を読むのを苦にしない子どもになりました。それはよりよい人生を生きていくために大事な条件だと思います。

人間国宝の職人の息子さんがお父さんの仕事を見ていて、十八歳で突然「自分もやってみたい」と思ってやってみたら、それまで習ったこともないのにすぐにできたという話を聞いたことがあります。教えてはいないけれど、親の様子を見ているうちに自然と覚えてしまったということらしいです。

　これは、親のしていることは、仕事なり行動なり子どもが受け継ぐのはハードルが低いということを示唆しています。いいことも悪いことも子どもは、なんとなく見ていて学んでいるということです。私は、一万冊を目標に毎日意識して絵本を見せていたことが、子どもにとって本を読んだり長文の問題を読むことにさして抵抗を感じなくてすんだことにつながっているのかもしれません。

「子どもが国語の記述問題の点数を取れないので本を読ませたいのですが、読まないんです」と言うお母さんがいます。でも、それはお母さん自身が本を読む姿を見せることが少ないことが原因ということかもしれません。お母さんがいつも本や新聞を読んでいる姿を見せれば、子どもも文章を読むことに抵抗がなくなるものなのです。子どもに求めるだけでなく、お母さんやお父さんが自ら範を示すことが大切なのだと思います。

第二章

読み聞かせにおすすめの絵本ベスト50選

みんなうんち

五味太郎・作／福音館書店

私の子育てを支えてくれた本です。ぞうさんは大きなうんち、うさぎさんは小さなうんちというように、いろいろなうんちが描かれていて、最後は「いきものはたべるから　みんなうんちをするんだね」で終わります。子どもを産んでおむつの後始末が大変だったころに読んで、「ああ、そうなんだな」と共感し、なんだかホッとしました。

人間は誰でも人生の最初と最後は他人のお世話になります。自分で動けるうちは、いつでも好きなときにトイレに行けますが、それができなくなると他人のお世話になるしかありません。世話をするほうは大変ですが、生きているからみんなうんちをするのです。この本を読んで「生きるってそういうことなんだな」と再認識しました。

うんちだけではなくて、子どもが食べ物をこぼして汚したりするのも生きてい

るからなんだと思うと、気がラクになりました。子育てはいいことばかりがあるわけではなくて、大変なことがたくさんあります。それを納得させてくれるという意味で、この本は私の子育ての原点になりました。

本が人生の支えになることがあるとは思っていましたが、絵本がここまで大人を精神的に支えてくれるとは驚きでした。絵本は子どものものだと思っていましたので。

子どもに一万冊の絵本を読み聞かせしてわかったのは、絵本の奥の深さです。要するに、大人の心を打つような絵本でなければ、子どもにも読む価値がないということです。実際、ベストセラーやロングセラーになっている絵本は、大人が読んでも感動するものばかりです。

大人の心に響くような絵本であれば、間違いなく子どもの心にも届きます。子どもの心を打つのも、大人の心を打つのも、本質的には変わりがないのです。本当に優れたものが人間の心を打つということです。

だから、子どものときにそういう優れた絵本をたくさん読んで、子どもの心を豊かに育ててあげてほしいと思います。読んでいる親の人生も豊かになります。

2

ぼちぼちいこか

マイク・セイラー・作
ロバート・グロスマン・絵
今江祥智・訳／偕成社

大きくて体が重くて、ちょっと不器用なかばくんがいろいろなことに挑戦しては失敗します。でも、毎回、決して落ち込むことはなく、次のことに挑戦するお話です。これは海外の絵本を翻訳したものですが、特徴的なのは、言葉をすべて関西弁にしていること。初めて読んだときは、関西弁にしようと考えた今江《いまえ》祥智《よしとも》さんの視点に驚くとともに感心しました。

子育てをしていると、たびたび行き詰まることがありますが焦ってイライラしても事態は良くはならないのです。そのようなときに「ま、ぼちぼちいこか」と心の中で唱えてみると不思議なことに気持ちが落ち着きます。まあ、なるようになるさ、と考えることで好転することも多いので、この言葉を時々つぶやいてみてください。肩からスッと力が抜けてラクになります。関西弁の柔らかい語感がいいのです。「ぼちぼちいこか」は、標準語でいえば「ゆっくりいったらいいよ」という表現になるでしょうが、それをあえて関西弁にすると一言では表せられない気持ちが含まれます。「まあ、失敗してもいいじゃない、大丈夫だよ、気にしない気にしない、次を頑張ればいいんだよ」など結構複雑な意味合いを表現できます。それをほんわかムードで言えるのが素晴らしいのです。この絵本のかばくんの行動を応援するのにぴったりな言葉で、標準語ではこうはうまく伝えることはできないでしょう。方言をうまく使った絵本だと言えます。読むときは、のんびりした口調で読んであげてください。

私は関西に三十年以上住んでいますが、出身は大分なのでいまだに関西弁は上手に話せません。たとえば「ご主人、家にいらっしゃいますか？」というのを、関西では「ご主人、家にいてはる？」と言います。あるいは「食べますか？」は「食べはる？」となります。この「～はる」という言い方が長い間うまく使えませんでした。一方、子どもたちは関西で生まれて、小さなときから耳で聞いているから難なく使いこなしているのです。それを見ていると、やはり言葉を使うには耳から入れることが大事なのだなとつくづく思います。英会話と同じですね。

3

わたし

谷川俊太郎・文、長新太・絵／福音館書店

詩人の谷川俊太郎さんの作品で、「自分は何者なのか」ということがテーマになっている絵本です。

「わたし」は「わたし」なのだけれど、友達のさっちゃんから見ると「おともだち」ですし、先生から見ると「せいと」、お母さんやお父さんから見ると「むすめのみちこ」、お兄ちゃんから見ると「いもうと」、赤ちゃんから見ると「おねえちゃん」です。

さらに世界を広げていって、「がいじんから　みると　にほんじん」「うちゅうじんから　みると　ちきゅうじん」になります。

このように、立場を変えると、「わたし」はいろいろなふうに見えてきます。

それを子どもたちに理屈ではなくわからせてあげられる絵本です。

子どもは学校に通っていると、児童（生徒）であるということ以外に考えられ

なくなってしまいがちです。でも、ちょっと離れて見てみると、いろいろな「わたし」がある。それがわかると、学校でいじめにあったときなどでも、自分の居場所がないなんて思わなくていいということがわかってくると思います。

また、日本人は外国人に慣れていないから、つい、「外人」とか「外国人」と呼びますが、「いや、あなたもよその国へ行ったら外国人なんだよ」ということを教えてあげることも大切でしょう。

深く思考するためには、広い視野が必要ですから、いろいろな立場に立って考えることが不可欠です。

でも、これは簡単なようで難しくて、子どもだけでなく大人でもなかなか視点を変えられません。大人は、思い込みが捨てられずなかなか客観的に自分を見ることができませんから、今一度この絵本で視点を変えることを学び直すことはいいかなと思います。

この絵本は最初、子どもたちにはあまりウケず「そうなんだ」という感じでしたが、何回も読んでいるうちに自分の立場に合わせて考えるようになりました。

4

スーホの白い馬

大塚勇三・再話
赤羽末吉・画
／福音館書店

教科書でもおなじみの作品です。モンゴルの貧しい羊飼いの少年が大事に育てた馬を王様に殺されて、亡くなった馬の骨で馬頭琴《ばとうきん》という楽器を作る切ない物語です。

日本人は住む場所を移すことはそんなにありませんが、モンゴルの人たちは草原を移動しながら暮らしています。住んでいる家もゲルという円形のテントのような建物で、日本の家とはずいぶん違います。日本とは違う文化や歴史を学ぶことは大切です。

あるとき、子どもの小学校に馬頭琴の奏者の方がきて、本物の馬頭琴を弾いてくれました。子どもたちは、この絵本を知ってはいましたが、馬頭琴の音は想像していただけなので実際の音色を聞いて感動していました。やはり、何でも本物を知ることは大切だと私も思いました。今は、ネットなどですぐに聴けますからぜひ本物の馬頭琴を味わってほしいと思います。本物の音色を聴いた後、また読んでみるとより内容に感動します。絵本の中から音が聞こえてくるようになりますよ。たくさん感動して子どもたちには豊かな人生を送ってほしいと思います。

小中高の勉強も同じで、机の上で学ぶものは算数（数学）も理科も社会も英語も、すべて身の回りの現実社会と結びついています。テストのために覚えなくてはいけないと思いがちですが、ちょっと顔を上げてみたらリアルなものにすべて結びつくということを感じてほしいのです。

私は家の庭にチューリップ、あさがお、ひまわり、ヘチマなどを植えていました。これらの植物は理科に出てきて覚える内容ですが、やはり本物を見て楽しんで覚えてほしいと思ったからです。日本の四季を味わってほしいし、豊かな日本の自然を大切に思ってほしいですね。絵本を読んで、ただ「楽しかった」で終わるのはもったいない。それを現実の世界とつなげることができないか、ぜひ考えてみてください。

5 わたしが外人だったころ

鶴見俊輔・文、佐々木マキ・絵／福音館書店

作者は哲学者の鶴《つる》見《み》俊《しゅん》輔《すけ》さんです。鶴見さんは少年時代にアメリカで暮らした帰国子女です。日本の生まれですから、最初は英語で苦労されたようですが、すぐにみんなと仲良くなって、英語もぺらぺらになりました。そのころは自分がアメリカ人になったような気持ちで暮らしていたそうです。

ところが、間もなく日本とアメリカは戦争を始めます。鶴見さんは日本に帰国しようとしますが、日本行きの船がなかなか見つかりません。そして、大学時代に日本人であるという理由で逮捕されて、捕虜収容所に入れられてしまいました。戦争が始まるまではアメリカの友達と仲良く遊んでいたのに、戦争が始まった途端に「おまえは日本人だろう」と白い目で見られるようになってしまうのです。そのとき鶴見さんは「ぼくって、この国では外人だったんだ」と気がつきます。

しかし、後に日本に帰ってきてみたら、英語しかしゃべれなくなっていて、顔は日本人だけれど外国人みたいに扱われてしまう。自分のアイデンティティが一体どこにあるのか、鶴見さんはわからなくなってしまうのです。なかなか難しい問題ですけれど、子どもたちは「うんうん」と聞いていました。

日本人が日本にいるときは、アメリカ人は外国人です。でも、日本人がアメリカにいると、日本人が外国人になるのです。そして、国が違えば、当然、文化も習慣も違います。しかし、それをおかしいと否定するのではなくて、違いを面白がって仲良くすれば、地球のみんなと仲良くできるよねと、この絵本を読むたびに私は子どもたちに言い聞かせていました。

内容も少し難しいし、字が多いので、小さな子にはハードルが高いかもしれません。しかし、私は絵本を見て、これは理解できないだろうからといって読み聞かせの対象から外したことはありません。とくに戦争や平和のことなど、ぜひ子どもたちに伝えたいと思うことを伝えてくれる絵本は、積極的に読み聞かせていました。この絵本もそんな一冊です。

6

11ぴきのねこ

馬場のぼる・作／こぐま社

　とらねこ大将と十匹ののらねこが活躍する馬場のぼるさんの『11ぴきのねこ』シリーズ。子どもたちが小さなときから大好きな絵本で、何度も繰り返し読みました。

　登場するねこたちはどれもこれも本当に自分勝手です。とらねこ大将の言うことは一応聞くけれど、みんなあっけらかんとしていて、無邪気で、好き勝手に動いています。食べちゃいけないと言われた魚を食べて、気がついたら骨だけにしてしまったり……。それでも最後は収まるところに収まるというのが面白いところです。

　子どもたちも「勝手だな、好き勝手にしてるね」と面白がっていました。でも、それは子どもも一緒ですね。誰の顔色をうかがうこともなく、自分がしたいように、いつも自分の思い通りに動いています。

そもそも人間はみんな品行方正なばかりではなくて、怠けたり、嘘をつくこともあります。それをある程度は許し合いながら人間社会は成り立っています。そういう緩やかな人間関係のほうが生きやすいなあと改めて思わせてくれる十一匹のねこたちです。

のらねこたちの姿からは、そんなに立派でなくても、のびのび普通に生きていいんだよ、という作者のメッセージが伝わってくるようです。

この絵本を読んで、遊びたいときには遊び、寝たいときには寝るという生き方がとくに子どもたちには大事なんだなと思いました。十一匹のねこと子どもたちの行動は非常によく似ています。だから、子どもたちはこのねこたちに親近感を感じるのでしょう。ねこたちの行動を見て、親はちょっと困るわねと言いたくなりますが、自分の子どもとそっくりだと思うと子どものすることも許せる気がしてくるのが不思議。「ねこも子どもも許しちゃおう」と思える絵本なのです。

この『11ぴきのねこ』はシリーズで六冊出ています。十一匹のねこは、一匹ずつ性格が違うので、お気に入りのねこを見つけるのも楽しいです。

7

14ひきのシリーズ

いわむらかずお・作／童心社

『14ひきのシリーズ』は、お父さん、お母さん、おじいさん、おばあさんと十匹のねずみのきょうだいが一緒に仲良く朝ご飯を作ったり、洗濯をしたり、餅つきやお花見をしたり、夏祭りに行ったりするお話です（右下は『14ひきのひっこし』）。

両親と祖父母と十匹のきょうだいというのは、昔の大家族みたいですから、みんなで一つのテーブルを囲んで座ったり、体操をしたり、いつも一緒に行動をしています。このねずみの家族を見ていると、日本の家族の原点が感じられます。『14ひきのぴくにっく』では、おじいさん、おばあさんも一緒に、一家総出でピクニックに出かけます。わが家は祖父母が遠くに離れて暮らしていましたから、みんなで一緒にピクニックに行くような機会はほとんどありませんでした。だから、こんな大家族の幸せそうな雰囲気がわが家にもあったらいいなと、少し羨《うらや》

ましく思いながら読みました。

とにかくこのシリーズは、いわむらかずおさんの絵が素晴らしいのです。描写が細かくて丁寧で、淡いようなセピアがかったような、なんとも言えない色合いが素敵です。どの絵本も、子どもたちといつもうっとりして見ていました。

たとえば、『14ひきのおつきみ』に出てくるお月見の絵などは、本当のお月様を見ているみたいに感じられます。「この本があったら外でお月様を見なくてもいいよね」と子どもたちと言い合ったほどの素晴らしさです。ねずみのきょうだいにはそれぞれ「いっくん」「にっくん」「さっちゃん」「よっちゃん」「ごうくん」「ろっくん」「なっちゃん」「はっくん」「くんちゃん」「とっくん」と名前がついています。それぞれ特徴はあるのですが、なかなか覚えきれないので、子どもたちも誰が誰だかわからなくなっていましたけれど、何度も楽しんで読んだ絵本です。

全部で十二冊のシリーズになっていますが、ぜひ全部読んであげてください。それぞれ描かれている自然の絵がなんとも素晴らしく、地球の自然を守らなければという気持ちにさせられます。その自然とともに、家族仲良く手仕事を大切に生きていきたいと人間生活の原点を考えさせられる大人も感動できる絵本なのです。

8

そらまめくんのベッド

なかやみわ・作・絵／福音館書店

「そらまめくんシリーズ」の第一作です。主人公のそらまめくんは、空豆のさやをベッドにしています。とても寝心地のよさそうなベッドで、えだまめくんやグリーンピースのきょうだいからも「そのベッドでねむってみたいなぁ……」と羨ましがられています。本物の空豆のさやの内側も、絵本と同じようにフワフワしています。

実は、うちの子どもたちは空豆が苦手で食べなかったのですが、絵本を読んだあとで空豆を買ってきて触らせたら、そらまめくんのベッドのように本当の綿が真っ白でふわふわしているようでびっくりしていました。本物は手のひらに乗るほど小さなさやですが、「中に寝てみたいね」と口々に言っていました。絵本に描かれているさやのベッドと本物の空豆のさやがそっくりなのは感動でした。空豆というのは、空に向かって実をつけるのでそのように呼ばれているのです。大

人になった子どもたちは、当時食べなかった空豆を、今は揚げてちょっと塩を振ったものが好きで、おいしそうに食べているのを見ると大きくなったものだと思います。

豆類には、あずき、インゲン豆、えんどう、大豆、落花生など、多様な種類があります。小学生の理科では、大豆やインゲン豆などの発芽の様子などを習うので、そら豆と一緒に一度育ててみてください。あの小さな豆が芽を出して、ツルを伸ばし葉をつけて、たくさんの実をつける姿は、自然の力を感じさせます。保存食としても栄養価としても非常にすぐれているため、人類の生命を長い間支えてきた歴史を調べてみると、そらまめくんのお友達についてもより理解が深まります。

『そらまめくんのベッド』は最初、福音館書店の会員に向けて毎月送られてくる冊子として読みました。そこから人気が出て、ハードカバーのシリーズになったようです。現在は十冊以上のシリーズになっていますので、絵が気に入ったら、他の本も読んでみるといいでしょう。

9

おにぎり

平山英三・文、平山和子・絵／福音館書店

ごはんをたいて、手のひらに水をつけて、塩をつけて、熱々のごはんをぎゅっぎゅっと握って、真ん中に梅干しを入れて、もう一度握って、海苔《のり》を巻いて「はい、どうぞ」という、それだけのストーリーなのですが、とにかく平山和子さんの絵が素晴らしいのです。

ごはんがほかほかしていて、海苔が光り輝いていて、梅干しがすっぱそうで、本当においしそうな「おにぎり」です。日本人に生まれて本当に良かったと思える絵本なのです。

絵本のおにぎりの大きさが不ぞろいなのもいいですね。そろっていたらデパートのおにぎり屋さんみたいになってしまいます。お母さんの握ったおにぎりは不ぞろいですし、そこにお母さんの手のぬくもりが感じられます。

絵を見ていると、おにぎりは小さめです。子どもの年齢を考えて小さくしているのかな、とも感じました。

写真のほうが絵よりも真実を伝えられると思いがちですが、この絵本を見ていると、そんなことではないのだなと思わせる平山和子さんの絵の力です。

私は、基礎学力を支える読解力とは２Ｄ（二次元）の文章を頭の中で３Ｄ映像に変換できる能力だと思っています。でも、小さい子が文章だけを読んで、それを３Ｄに変換することはなかなかできません。絵本は２Ｄですが、文字だけでなく絵が一緒にあるから３Ｄ化しやすいのです。

つまり、２Ｄを３Ｄに変換する能力を養う上で、絵本はとても有効なのです。とくに、この絵本はうってつけです。子どもたちも、この絵本を読んだ後は必ずと言っていいほど「おにぎりを作って」と言ってきました。それは頭の中で、絵に描かれたおにぎりが３Ｄ化できている証拠です。

そういう点で、絵本が読解力の基礎になるのは間違いありません。だから、子どもには、素晴らしい絵のついた絵本をたくさん読んであげてほしいのです。

10
ないたあかおに

浜田廣介・文
池田龍雄・絵
／偕成社

児童文学者の浜田廣介《ひろすけ》さんの作品です。浜田さんは、「～でありました」というような今ではあまり使わない上品な日本語を使います。お母さんが上品な感じで読むと、子どもも「昔はこういう言い方をしていたんだな」とわかると思います。

鬼は悪いものという先入観がありますが、この作品の鬼はそうではありません。読み聞かせをするときも、鬼＝悪という先入観を取り去って読んでください。鬼のセリフはつい怖そうな声音で読んでしまいそうですが、普通に読めばいいと思います。ただ、青鬼と赤鬼の声はちょっと変えたほうがわかりやすいでしょう。

また、文章が多いので、ゆっくり読むほうがいいと思います。カタカナの部分は宇宙人が読むような感じで読むといいかもしれません。

赤鬼が人間と仲良くなれるように、自ら悪者になって協力した青鬼の最後の手

紙が泣けます。ここはお母さんも泣きたくなると思いますが、我慢してください。私も完璧でありませんが、子どもを泣かせる場面は、親が先に泣かないことが基本です。親が先に泣くと意外と子どもはしらけて泣けません。

この本を読んだ後、子どもは、「あれ？　鬼って悪者じゃないんだ」という顔をしていました。鬼が出てくる絵本をたくさん読んでいて、悪い鬼も多かったので、子どもにも先入観があったんだなと気がつきました。多角的にものを見て、価値観は一つではないことに気づいてもらうことが大事だなと感じました。

かといって「鬼って悪いイメージがあったけれど、いい鬼もいるんだね」と親が言う必要はありません。子どもたちが感じることが大切です。大人はつい自分の価値観でものを言ったり、教訓を口にしたりしてしまいますが、そういうことは言わないようにしましょう。

この本は文章が多いので、一気に読むのではなくて、二日か三日に分けて読んでもいいです。また、同じ『ないたあかおに』でも、絵が版画のようになっているような別の作品もあります。それぞれ鬼の顔が違うので、比べて読んでみると面白いでしょう。

11

ももたろう

松居直・文、赤羽末吉・画／福音館書店

『ももたろう』を初めて読んだとき、子どもたちは「桃に子どもが入ってるの、切るときやばくない？」「どうやって切るのかな？」と本気で心配していました。その様子がおかしかったのですが、子どもって妙に現実的なところがありますね。

普通の桃は種が入っているけれど、桃太郎の桃には種がありませんから、「コイツ、種のところに入っているのかな」とも言っていました。桃太郎を「コイツ」などと読んだりしますが、そこは怒らないでください。桃太郎に親しみを感じている証拠ですから。桃は子どものお尻に似てかわいらしさがあります。案の定、子どもも「お尻に似ている」と言っていました。「いつまでもそんなこと言っていないで聞きなさい」と促しても、ひとしきり「切ったらどうなるか」とかお尻の話で盛り上がっていました。読むときは普通に読めばいいと思いますが、桃太郎と動物たちはちょっと声を変えてみると楽しいかもしれません。

子どもたちは、桃太郎のお話を読むと、人間が生まれて何かを成し遂げるまでには誰かの助けがいることに気づくようです。桃太郎一人では何もできなくて、犬、さる、きじとか「ちっちゃくて役に立つのか」と思いながらも、結構役に立っているのを見て「生きていく上ではいろいろな助けがいるんだな」とわかるのです。

主人が岡山のお土産できびだんごを買ってきたことがあります。子どもは「ふ～ん」という顔をして、「こんなんで、よくお供をすることにしたものだな」なんて言っていましたが、絵本と実物と結びつけるのは大事なことですね。

岡山は桃も有名です。桃太郎の話を知らなければ、岡山に旅行で行って桃やきびだんごを見ても何も思わないでしょう。でも、知っていれば見方がまるで変わりますし、岡山県にも親近感を持ちますね。そこからどういう波及効果があるかは本人に任せるしかありませんが、親としては、絵本で基本的な知識を与えておくことは大事です。

桃太郎を知らない日本人はいません。昔から延々と伝えられてきた話を知っていることは大事です。それらは日本人の精神的なベースをつくっているからです。

12 つるにょうぼう

矢川澄子・再話
赤羽末吉・画
／福音館書店

赤羽末吉さんが描いた『つるにょうぼう』は絵がとにかく素晴らしいのです。とくに最後に鶴が飛んでいく絵は、子どもたちと一緒に息をのんで見ました。文字は書かれていませんが、これほど余韻のある絵はなかなかありません。お話はご存じのとおり、「鶴の恩返し」です。主人公のよ平はのぞかないでほしいという女房（本当の姿は鶴）との約束を破って、機織りをしている部屋をのぞいてしまいます。ここには欲という人間の醜い一面を見ることになります。鶴は、よ平のそばにいつまでもいたいと思っていましたが、それができなくなって飛んでいってしまうのですね。

私はこのお話を淡々と読んで、最後のページに見開きで描かれた空の色と飛んでいった小さく描かれた鶴をみんなでじっくり見ました。そのあとで「うーん」としばし黙って、「なんとも言えないよね」と話しましたが、子どもたちも「うーん」と黙ってしまいました。全体の雰囲気から鶴が去っていった理由がなんとなく子どもにも伝わるのです。冬ですから空は雪雲に覆われていますが、最後の絵は青空になっています。そこを鶴が飛んでいくと、向こう側に去ってしまったという感じがよく伝わってきます。とても奥深い絵なので、お母さんは何も説明をしないで、子どもと一緒に余韻に浸ってください。絵とともに人間の業《ごう》というものに思いを馳《は》せて余韻を味わうのが、この本の最良の読み方だと思います。

この絵本を読んだあと、動物園へ行って鶴を見ました。本物の鶴は意外と大きくてきれいでしたが、それほどかわいくはありませんでした。子どもたちも「あれ？」「思ってたよりでかいな」と言っていました。絵本には動物がよく出てきます。

私はよく動物園に子どもを連れていって「ああ、これ、絵本に出てたね」って言っていました。子どもたちも、絵本に出ていた動物をまず探すという感じでした。赤羽さんの描いた『つるにょうぼう』は家で保存版にして、図書館から「鶴の恩返し」の違うバージョンをたくさん借りてきて読んでみてください。本によって物語の書き方や切り口が違いますし、絵のタッチも違いますから、いろいろな作家の本を読み比べてみることも楽しいです。

13 てぶくろ

エウゲーニー・M・ラチョフ・絵
内田莉莎子・訳
／福音館書店

ウクライナ民話をもとにした絵本です。おじいさんが森の中に落とした手袋に動物たちがどんどん入っていきます。まず小さなねずみが住みついて、次はかえる、それからうさぎ、きつね、おおかみ、いのししがやって来て、最後はくままでやってきます。「いれてよ」「どうぞ」の繰り返しで、どんどん動物たちが入っていきます。「そんなに入れないよね？」と思ってしまいますが、不思議を楽しむのが絵本の原点で、子どもの想像力を伸ばす第一歩です。小さな子は「ふんふんふん」と聞いていますし、四、五歳になると、「無理だろ」「こんなに入れないだろ」とつぶやいていました。そうやって、絵本の世界と現実の世界を行き来することも大事です。

動物たちにはそれぞれ個性的なキャッチフレーズがついています。ねずみは「くいしんぼねずみ」、かえるは「ぴょんぴょんがえる」、うさぎは「はやあしう

さぎ」、きつねは「おしゃれぎつね」、おおかみは「はいいろおおかみ」、いのししは「きばもちいのしし」、くまは「のっそりぐま」という具合です。ここを読むときは、「くいしんぼ」と「ねずみ」の間に一拍おくような感じで読みます。「くいしんぼ」とか「ぴょんぴょん」というのは、それぞれの個性を表している言葉ですから、それをはっきり伝わるように読むことが大事です。

手袋に入りたい動物が新しくやってきたら、いちいち中にいる動物たちが自己紹介をしていきます。どんどん動物が増えていきますから、たくさん入っていることを教えるために、それぞれの動物の絵を指でさしながら、ゆっくり読んでいくとわかりやすいでしょう。

面白いのは動物たちが手袋をリフォームしていくところ。ただの手袋なのに窓やはしごをつけて住みやすくしていきます。落ちていた手袋を自分たちのものにしていく厚かましさがなんとも言えず楽しいのです。子どもたちも手袋の変化に気がついて、「あれ？」みたいな感じになります。最後はおじいさんが手袋を探しに来て元通りになりますが、細かな変化がわかるようにこの絵本は特大サイズ判（大型絵本）がとくにおすすめです。

対象年齢＝ひとりっ子なら3歳から、上の子がいれば2歳から

14 わたしのワンピース

西巻茅子・絵・文／こぐま社

白い布切れを拾ったうさぎがミシンでワンピースを縫います。ワンピースの話だから男の子は興味がないかもしれないと思いましたが、三人の男の子全員が興味津々でした。彼らは「シンデレラ」には見向きもしなかったのに、この本には食いついていました。絵がシンプルできれいなのと、ワンピースの模様がどんどん変わっていくのが面白いようでした。

私は意外と手先が器用で縫い物もできますが、針などが危ないので子どもが小さなうちは一切しませんでした。代わりに母がズボンやコートや幼稚園のバッグまで縫ってくれました。

子どもたちも、自分たちの着ているものは全部おばあちゃんが縫ったものだとわかっていましたけれど、実際に縫うところを見たことがなかったから、この絵本にあるミシンの使い方などに興味を抱いたのかもしれません。

　この絵本はなんと言っても西巻茅子《にしまきかやこ》さんの描く絵が魅力的です。シンプルなのですが、なかなか描けないタッチです。暖色系の色が多いので、それが明るい雰囲気を醸し出しています。

　カタカナで書かれた「ラララン　ロロロン」という言葉がしょっちゅう出てきます。「ラララン　ロロロン」というとワンピースの模様が変わります。私が「ラララン　ロロロン　ランロンロン」と読むと、子どもたちは楽しそうな顔をしました。音がかわいいので、私も読み方を工夫して楽しく読みました。全体的に字が少ないので、ページもゆっくりめくっていくといいでしょうね。

　小鳥がたくさん飛んできて、ワンピースの柄になっている草の実を食べるのがかわいいですね。不思議な話で、実際にはあり得ないのですが、子どもたちは洋服の色や柄が次にどう変わるのか、すごく楽しみにしているのがわかりました。

　色づかいがかわいいので、私は何回読んでも飽きませんでした。ちょっと音楽的な要素があるところも、子どもには楽しめると思います。

対象年齢＝2歳から（1歳でもOK）

15 とりかえっこ

さとうわきこ・作
二俣英五郎・絵
／ポプラ社

散歩に出かけたひよこが出会った動物たちに「なきごえをとりかえっこ　しようよ」と言われて、鳴き声をとりかえっこするお話です。最初にねずみさんと鳴き声をとりかえて、ひよこは「ちゅう　ちゅう」、ねずみさんは「ぴよ　ぴよ」と鳴きます。次にぶたさんととりかえて、ひよこは「ぶう　ぶう」、ぶたさんは「ちゅう　ちゅう」。かえるさんに出会うと、ひよこは「けろ　けろ」、かえるさんが「ぶう　ぶう」というように、どんどん鳴き声をとりかえっこしていきます。

最後にかめに出会いますが、かめは何も言わないから「む」と書いてあります。だから、ひよこは「む」と言いながら家に帰ります。お母さんが出迎えても「む」しか言わないので、お母さんも「どうしたのかしら」と心配そうです。

どんどん鳴き声をとりかえていくという発想が斬新《ざんしん》です。言葉数は鳴き声が中心だから少ないのですが、絵がすごく上品です。この絵を見ながら、鳴き声の真似をしたりして楽しく読んであげてください。

絵もいいのですが、なんと言っても最後の「む」と平仮名で書いてあるのが子どもに大ウケでした。子どもたちはこの絵本が大好きで、強く印象に残っていたのでしょう。今でも時々、ラインなどで「む」と送ってきます。この「む」は、みんなの思い出です。

小さな子どもは、それほど日本語がしゃべれません。口から出る言葉は、動物の鳴き声のほうに近いでしょう。だから、鳴き声しか言わない動物にすごく親近感を抱くようです。子どもって意外と自然界に馴染んでいて、虫と同化したり、花と同化したりして遊んでいます。ダンゴムシみたいになっているときもあります。そういう様子を見ていると、子どもってすごいなと思います。

子どものそういう姿を大事にしてほしいと思います。追い立てるように「ママが読んでいるんだから聞きなさい」というようなことは言わないでください。のんびりした時間を楽しむのが絵本の読み聞かせです。絵本を読むときは、子どものかわいらしさを楽しもうという気持ちでいてほしいと思います。

16

モチモチの木

斎藤隆介・作、滝平二郎・絵／岩崎書店

小学校の国語の教科書に載るくらい有名な作品です。臆病な豆太を一緒に暮らすおじいさんが優しくて育てていく話です。おじいさんが孫を育てるという場面設定はあまり馴染みのないものですが、子どもたちは絵を楽しむという感じで読んでいました。滝平二郎さんの切り絵がすごくいいのです。

長男が小学校の授業でこの作品を勉強したときにノートを見たら、話を分解して、「これはこう読まなくてはいけない」というふうに学んでいました。「国語あるある」です。それも読解力をつけるためには大事ですが、そんな読み方をしたら面白くありません。

だから、子どもたちには、教科書で学ぶ前にぜひ読んでもらいたいと思います。話を知ったあとで分解して解説するのはいいけれど、いきなり分解から入るのは意味がありません。お母さん方には早めに読み聞かせしておくことをおすすめします。長編ですが、一気に読んで豆太の成長具合とかを見てほしいなと思います。お話の中に豆太が夜中にトイレに行きたくなって、おじいさんを起こして外にあるトイレまで連れていってもらう場面があります。この場面を読んだときは「やっぱりトイレは怖いんだ」と共感したのか、子どもたちもホッとした様子でした。

モチモチの木とは栃《とち》の木のことです。秋に実をつけます。おじいさんがその実を石うすでひいてお餅を作るのですが、モチモチしていて本当においしそうです。子どもたちも「むちゃくちゃおいしそうだ」と言っていました。

あるとき長野のほうへ旅行に行ったら栃餅というお餅が売っていました。どんぐりみたいな茶色のお餅です。これを買って、みんなで「これがモチモチの木の実のお餅なのか」と食べました。ずっと食べたいと言っていたので、子どもたちは本物を食べることができて感動していました。それを見て、やはりお話と本物をリンクさせることは大事だなと改めて思いました。

滝平二郎さんの切り絵シリーズはいろいろ出ています。半日しか日が当たらない村に日が当たるようにする『半日村』なども読んであげるといいでしょう。

17 もこ もこもこ

谷川俊太郎・作
元永定正・絵
／文研出版

詩人の谷川俊太郎さんと画家の元永定正《もとながさだまさ》さんがタッグを組んだ作品です。谷川さん作の絵本には「えー？」という感じのものも多いのですが、この本では元永さんのちょっとバランスの悪い不思議な絵と合わさって、より怪しい雰囲気が出ています。それが子どもにもわかるようで、「これは怪しいな」と言っていました。

　でも、子どもたちはこの本が大好きで、数えきれないぐらい読みました。絵と字を楽しむ本ですから、何も説明せずに、じーっと子どもが絵を見たかなと思ったところで、「もこ」と読んだり、「しーん」と読んだりしました。「もこ」とか「にょき」はかわいい感じの声で、「しーん」は小さな声で読みました。

　何回も読んでも「もこ」と言うと「おおっ」と、いちいち反応してくるのが面白かったです。「ぱく」と食べてしまうときには、「ええ、食べるんだ」と子ども

たちはびっくりしていました。

「もこもこ」と出てくると、みんな「おっぱいだ」と言っていました。形が似ているだけなのですが、子どもたちはおっぱいが大好きだからすごく喜んで、それが「ぽろり」と落ちたら「えええ」「おっぱい落ちたらまずいでしょ」とそこでまた盛り上がっていました。

この絵本を読んでいて、終わったぞと思ったらまた戻るというところが映画の『ターミネーター』みたいだな、と思いました。エンドレスなのです。だから、「今日は終わり」と言って三日目ぐらい読んでも続編という感じがします。だから、何回読んでも子どもは飽きませんでした。一歳ぐらいから十分楽しめる内容ですけれど、一歳の娘に読んでいたら、七つ上の長男がまた寄ってきました。何歳でも何度でも楽しめるところが、この絵本の素晴らしいところです。次に何が起きるか予測がつかないのが非常に面白いと思います。

谷川さんはいろいろな絵本を出していますが、元永さんも『ころころころ』とか『がちゃがちゃ　どんどん』などの作品を出しています。やはり理不尽な動きをするのが特徴です。私は元永さんの絵が好きで、何冊か買いました。

18

りんごがドスーン

多田ヒロシ・作・文・絵／文研出版

野原に落ちてきた大きなりんごに動物たちが次々にやって寄ってきて、「むしゃむしゃむしゃ」「もぐもぐもぐ」「みちゃみちゃみちゃ」「ちゅうちゅうちゅう」「しゃりしゃりしゃり」「がりぽりがしがし」と音を立てて、ひたすら食べているお話です。この「おおきな　りんごがドスーン！」の「ドスーン！」を読むときは、子どもたちを驚かすような大きな声で読んでいました。うちの子たちはりんごがあまり好きではないので、ちょっと冷めた目で見ていたので、「しゃりしゃりしゃり」という、りんごを食べるときの音も説明しましたね。やはり、食べてみないとわからないこともあります。子どもたちには、りんごをほんの少し切ったものを食べてもらいました。そうしないと、「しゃりしゃり」がわからないと思ったからです。

多田ヒロシさんの描くりんごは本当においしいそうです。匂《にお》いが漂ってくるよう

で、五感を刺激してくれます。だから、この絵本を読み聞かせするときの唯一のコツは、動物たちがりんごを食べている音をおいしそうに読むことです。

雨の降る場面では、りんごの食べ残しを傘の代わりにして、小さな動物も大きな動物も仲良くしています。地球上にはいろいろな生き物がいるけれど、みんなで仲良くしたいなという作者の思いがこもっているようにも読めます。

私は、子どもそれぞれに馴染みの絵本をつくってほしいと思って、多田さんの本はたくさん買いました。大人になったらつらいことがいっぱいあるでしょう。そんなときに多田さんの絵を見て「ああ、これは多田さんの絵だな」と癒《いや》されればいいなと思ったのです。小さなころに心に染み込んだものは、理屈ではなくて、それに触れたときに気持ちがほんわりして幸せな気持ちになります。そういうものがたくさんあったほうが、人間はつらいことを乗り越えられるのではないかと思います。童謡なども同じで、つらいなと思ったときに、どこかから聞き覚えのある童謡が流れてくると、なんとなく気持ちが落ち着くことがあります。だから、絵本や童謡を通して、子どもの心に幸せなイメージをたくさん刷り込むことが大事だと思うのです。

19 ごんぎつね

新美南吉・作、黒井健・絵／偕成社

『ごんぎつね』は桃太郎などと同じく、子どもには絶対に知っておいてほしい話です。農家の話も出てくるので、子どもにはわかりにくいところもありますが、一気に読んでほしいですね。

お話はご承知のとおりです。ごんは兵十が病気のお母さんに食べさせるつもりで獲ったうなぎを盗んでしまったことを後悔して、兵十の家に栗や松茸《まつたけ》を届けます。ところが、兵十はごんが家の中に入るのを見て、「うなぎを盗んだごんぎつねが、また、いたずらしに来た」と勘違いして火縄銃で撃ってしまいます。ごんは倒れ、兵十が駆け寄ると、家の土間に栗が置いてあるのを見つけます。それを見て、ごんが栗を持ってきてくれたことを悟るのですが、時すでに遅し……という話です。子どもたちにも、ごんぎつねの悲しさを味わってほしいと思います。

でも、冷静に考えるとごんが余計なことをしたから撃たれたわけで、兵十が悪

いわけではありません。子どもたちも「ごんも悪いよね」「そうだね」と言っていました。

作者の新美南吉さんは小さなときにお母さんを亡くしました。お父さんは後妻をもらいますが、折り合いが悪かったらしく、南吉さんは家を出て親戚のところに行きます。でも、そこでもなかなかうまくいかず、出たり戻ったりしています。そんな自らの体験に基づく寂しさが作品に投影されているようです。そういう背景を知ると、この『ごんぎつね』の寂しさがより一層胸に迫ります。作品というのは、作者の人生がかいま見えるところがありますから、そこのところを読み取ってほしいです。そういう深読みも大事だねということは子どもにも話しました。

少し長い話ですが、その分、子どもの耳を鍛えることができます。また、昔のお葬式などの農村の風習みたいなものがわかるという面白さがあります。会話以外の文章が多いので、そこはアナウンサーが読むように感情を抑えた読み方にするといいかもしれません。読み聞かせの対象年齢は五、六歳ぐらいからですが、上の子に向けて読んでいると下の子も興味のあるところだけは聞いていていました。

20 手ぶくろを買いに

新美南吉・作
黒井健・絵
／偕成社

子ぎつねが町に手袋を買いに行くお話です。寒い冬が来て、お母さんは子ぎつねに手袋を買ってやろうと思います。しかし、かつて人間に怖い目にあったお母さんは町へ行くのを躊躇《ちゅうちょ》して、子ぎつねだけを行かせます。お母さんは子ぎつねの片手を人間の手に変えて、帽子屋さんの玄関の戸の隙間から手を差し込んで「この手にちょうどいい手袋頂《ちょう》戴《だい》」と言うように教えて、白銅貨を二枚持たせます。

子ぎつねは帽子屋さんの明かりがまぶしくて、反対側の手を出してしまいますが、帽子屋さんは白銅貨が本物だと確認すると、手袋を選んで渡してくれました。子ぎつねはお母さんのところへ走って帰ると、はしゃいだ様子で事の顛末《てんまつ》を聞かせます。

読み聞かせのポイントは、子ぎつねとお母さんの会話の間にある文章の読み方です。抑揚《よくよう》はつけずに淡々と読んだほうがいいと思います。うちの男の子三人には幼稚園ぐらいから読んでいました。子ぎつねが「お母ちゃん、お手々が冷たい、お手々がちんちんする」と言うと、「ちんちん」にめちゃめちゃ反応していました。一方、娘が二、三歳になったときに読んでいたら、娘は「ちんちん」には全く反応せず、お母さんが子ぎつねだけを町に行かせたことに怒っていました。「自分は人間が怖いと思っているのに、子ぎつねだけを行かせるのはおかしい」と言うのです。女の子って母性愛がすごいんだなと思いました。「お母さんが行くべきだ」「ママだったら行かせないでしょ」と真剣に言うので驚きました。

男の子と女の子の違いにびっくり。男の子たちはちんちんに大喜びだったのに、娘は自分が子ぎつねだったらと考えたのでしょう。そんな子どもたちの反応の違いが面白くて、忘れられない一冊になりました。

もちろん『手ぶくろを買いに』は内容も素晴らしい絵本です。前項の『ごんぎつね』（偕成社）など新美南吉さんの絵本シリーズは日本人の心をつくっていると言っていいでしょう。ここに描かれている心情がわからないと学校に上がってから読むことになる明治以降の文豪たちの作品も理解できないのではないかと思います。

21

王さまと九人のきょうだい

君島久子・訳、赤羽末吉・絵／岩波書店

中国の民話を題材にした楽しい作品です。子どもをほしがっていた老夫婦のところに白髪の老人が現れて、一粒飲めば子どもが一人生まれるという薬を九つくれました。おばあさんがそれを飲むと、お腹がふくれてきて、本当に九人の子どもが生まれました。

九人きょうだいには「ちからもち」「くいしんぼう」「はらいっぱい」「ぶってくれ」「ながすね」「さむがりや」「あつがりや」「切ってくれ」「みずくぐり」と変わった名前がつけられています。これは、それぞれの子の特徴を表しているのですが、なぜこんな名前がつけられたのか、子どもたちは興味津々です。

九人のきょうだいが大きくなったころ、宮殿の柱が倒れてしまいます。それを直した者には褒美を取らせるという王様のお触れが出され、「ちからもち」が見事に柱を直しました。しかし、王様は褒美を取らせるどころか、「ちからもち」

の能力を恐れて無理難題を吹きかけます。それに九人のきょうだいが立ち向かって、ついに王様をやっつけてしまうというお話です。

この絵本は説明をしないで普通に読みました。絵を見ながら中国の文化を知って楽しむというようなことが目的になりますが、話があまりに面白すぎて、子どもたちは前のめりになって聞いていました。

読み方としては、会話はわりと早口で読んで、それ以外の説明の部分はハキハキとした調子でゆっくり読むといいでしょう。そうすると、場面の展開が子どもにもわかりやすくなります。

勧善懲悪みたいな結末になっていますから、子どもたちにとっては聞いていても面白いでしょうね。昔ばなしは日本だけではなくて、中国にもこんなお話があると知ると、それぞれの国による違いもわかってきます。君島久子さんと赤羽末吉さんのコンビを組んだ中国民話を題材にした絵本は『ほしになったりゅうのきば』『あかりの花』（ともに福音館書店）など他にも何冊かありますから読み比べてみるといいでしょう。

22

ちいちゃんのかげおくり

あまんきみこ・作、上野紀子・絵／あかね書房

　ちいちゃんはお父さんが戦争に行く前日に家族四人でお墓参りに行きます。そのときにお父さんが「かげおくり」を教えてくれました。影法師を十数えるまでじっと見てから空を見ると、影が空に映るというのです。ちいちゃんたちは四人で「かげおくり」をしました。でも、お父さんが戦争に行ったあと、空襲にあって、お母さんやお兄ちゃんとははぐれて、ちいちゃんは取り残されてしまいました……。

　悲しい話なのですが、子どもたちが何か感じてくれればいいなと思いながら淡々と読みました。子どもたちは泣きも笑いもしませんでした。戦争自体がすごく遠い話なので「ふーん」という感じで聞いていました。でも、ちーちゃんという小さな子が主人公なので、何か思うところはあったかもしれません。

　そう感じたのは、高台にある日のよく当たる近所の公園に遊びに行ったときの

ことでした。日が照って影が空に映るのを見て、子どもが「これはかげおくりかな」と言ったからです。『ちいちゃんのかげおくり』は何回も読んだわけではないので、「かげおくりのことを覚えていたんだな」と思いました。

この絵本は、ぜひ八月の終戦記念日あたりに読んでいただきたいと思います。その時期は毎年、新聞に終戦の話がたくさん載りますし、テレビでも特集が組まれたりしますので、そういうものとリンクさせるといいと思います。

戦争の記憶は絶対に伝え続けなければなりません。ウクライナとロシアの戦争を見ても、平和というものは簡単に壊れることがわかります。プーチン大統領の一言で戦争が始まり、必要のない場所にミサイルが撃ち込まれて、家を失い、命も失う人がたくさん出ています。戦争が終わっても、どれだけ復興に時間がかかることでしょうか。そういう現実を見ても、戦争は絶対にダメだと子どもに伝えたいのです。

戦争についての絵本にもいろいろといい本があります。『絵で読む広島の原爆』（那須正幹・文、西村繁男・絵／福音館書店）という科学絵本なども、日本の戦争を語り伝えるための貴重な一冊だと思います。

23

新装版絵本 たつのこたろう

松谷みよ子・文　朝倉摂・絵／講談社

龍になった母親の住む沼を探すたろうの冒険物語。子どもが一番反応していたのは、たろうがお母さんの目の玉をもらっておっぱいの代わりにしゃぶって大きくなるところです。目の玉がだんだん小さくなったというと、「どれだけ、甘い目の玉なんだろう」「よく考えると、ちょっと気持ち悪いな」とか言っていました。

昔ばなしの『三年寝太郎』では朝から晩まで働いているのはおばあさんで、たろうは団子を食べて遊んでばかりいます。でも、意外とそれを大人は許しています。そうやって成長していくうちに急に目覚めて大きな仕事をするというストーリーです。

こういう昔ばなしでは、大人は子どもを早く働かせようとするのではなくて、大きくなるのをのんびり待っています。そのうち、自分で動いていくと信じてい

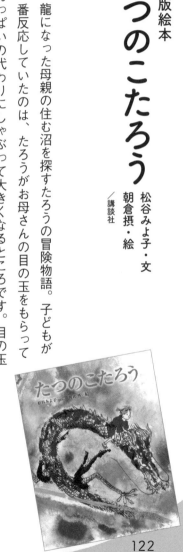

るようです。だから主人公の子どもも最初のうちはダラダラしています。食べて寝て、食べて寝てばかりで何もしない。親は一所懸命働いて、そんな子どもを食べさせています。子どもが大きくなるまで見守ろうという考え方が、昔の日本人の中にはあったのかなと思ったりします。

これは意外と波瀾万丈《はらんばんじょう》の話です。普通に読めばいいと思いますが、「でんでんの　でんでらでん」というような擬態語は、印象に残るように読んであげてください。結局、子どもの耳に残るのは、そういう言葉です。だから、「にげてごらん　にげて　ごらん　にげて　にげて　ご、ら、ん、……」というように、同じことを何回も言っているところは心を込めて読んであげると耳に残ります。

最後にたろうのお母さんが出てきたとき、子どもたちはホッとしていました。ああ、子どもはお母さんが出てきたらホッとするんだなと思いました。こういう様子を見ると、子育てはお母さんという存在がすごく大事なのだと思います。同時に、子どもの健康も大事だけれど、母親が健康でいないといけないなと思いました。母親が病気でいなくなったりすると、この子たちは毎日、どれだけ寂しい思いをするだろう。そう思うと母親の存在の大きさを感じないわけにはいきません。

24 注文の多い料理店

宮沢賢治・作
スズキコージ・絵
／ミキハウス

私は、実は理由ははっきりしないのですが、なんとなく宮沢賢治さんの本があまり得意ではなくて、好んで読むことはありませんでした。でも、この『注文の多い料理店』は大好きで、何回も読んでいます。いろいろな画家が絵を描いていますが、スズキコージさんの絵は手が込んでいて、ちょっと怖い感じなのですが、子どもたちはお気に入りです。

話そのものも、読んでいてゾクゾクします。たとえば「壺《つぼ》の中のクリームを顔や手足にすっかり塗ってください」という場面になると、何回も読んでいるから先がわかっているのに、子どもたちは顔を緊張させながら「これは、やばいな」と言い始めます。

「そろそろ、やばいぞ、早く逃げたほうがいいぞ」「牛乳のクリームを塗りなさいっておかしいだろ。ここで、いいかげんに気がつけよ」というように、口々に言い始めます。子どもにとっては突っ込みどころ満載の内容で、「もう、いいかげんに気がつけよ」「早く気がつけ、逃げろ、逃げろ」とドキドキしているのが伝わってきます。私も「まずいよね」と言いながら読んでいました。

『注文の多い料理店』は宮沢賢治の世界観を存分に味わうことができます。話があまりにも面白いので大人も十分楽しめます。スズキコージさんの絵がわが家はお気に入りだったのですが、他にもいろいろな画家が描いていますので、読み比べてみるのも面白いと思います。

ミキハウス版の『注文の多い料理店』は字が大きいし、ルビも振ってあるので、子どもも読みやすいでしょう。小学一年生ぐらいなら自力で読めますから、一人で読んでいくのもいいと思います。

この作品で宮沢賢治が気に入ったら、『銀河鉄道の夜』などの宮沢賢治シリーズを買って読んでみてください。ミキハウス版の『銀河鉄道の夜』は子どもたちも大好きです。絵がきれいだし、色づかいも面白いのでおすすめです。

25

ロージーのおさんぽ

パット・ハッチンス作・絵、渡辺茂男・訳／偕成社

この絵本の作者は『おまたせクッキー』『ティッチ』などでも知られるパット・ハッチンスというイギリス人です。訳者の渡辺茂男さんは『どろんこハリー』も訳している有名な方です。

めんどりのロージーが夕方の散歩に出かけます。そのあとをきつねがつけて、ロージーを今日の晩ご飯のおかずにしようと狙っています。でも、ロージーはきつねがつけていることに全く気がつかずに、おすまし顔でマイペースの散歩を楽しんでいます。すると、その後ろでなぜかきつねが次々にひどい目にあってしまうという面白いお話です。ハチの巣箱の下を潜り抜けたロージーを追いかけようとして巣箱を倒してハチに追いかけられたり、池の周りを歩くロージーに気をとられて池に落ちてしまったり、やましい顔をしたきつねがロージーを狙っていちいちドジを踏むところが子どもには大ウケでした。

結局、ロージーはきつねに狙われていることに最後まで気づかないまま、晩ご飯に間に合って家に帰り着きます。一方、ロージーを今夜のおかずにしようと狙っていたきつねは、ひどい目にあって退散していきます。この対比が面白いのですが、私も読みながら人生も似たようなことかも、とよく思っていました。本人は全く気がついていないのに、周りの良かったり悪かったりする出来事が自分の真横を通り過ぎていく。それで、危うく助かったのに当人は気がつかない。すごくラッキーなことなのにとくに気がつかないので感謝することもなく、何事もなかったかのように人生は過ぎていくのかな、と意外と考えさせられるお話です。ロージーは私、きつねは世の中の出来事。そう考えると、本当に奥の深い絵本なのです。

このシュールな展開で外国の空気感が漂う絵なので、文字が少なくて色もあまり使っていないのですが、家の形も着ている服も国によって全然違うことが面白いです。日本以外の国の空気感を絵本を通じて知ることも大事だと思います。

絵本は外国を知るきっかけになりますから、私は外国の絵本も面白そうなものを選んで買っていました。

26 おまたせクッキー

パット・ハッチンス・作・絵、乾侑美子・訳／偕成社

『ロージーのおさんぽ』と同じハッチンスの作品です。兄と妹でお母さんの焼いた十二枚のクッキーを半分ずつにして食べようとしたら、玄関のベルが鳴って友達がやってきます。そのたびにクッキーを人数分で分けていくのですが、どんどん友達が増えてきて、とうとう全員で十二人になりました。これで一人一枚ずつだと思っていたら、またベルが鳴って……さて、どうなるでしょうというお話です。

このお話もクッキーというのが外国っぽいのでいいなと思って選びました。外国のおしゃれな台所のイメージなのですが、次々に子どもが来て、日本と違って土足で部屋に上がるので、お母さんはずっと床の掃除をしています。拭いても拭いてもどんどん来るから汚れるのだけれど、お母さんは別に怒らないのですね。向こうの家はこんな感じなんだなということがよくわかります。

それが子どもの頭に入っていたのかどうかわかりませんが、コロナが大変なときには「やっぱり、家の中に土足で上がると感染しやすいよな」と言っていました。ページごとに見どころが多いので、子どもたちは細かいところまでじーっと見ていました。テーブルクロスやフローリングなど、日本と全然違います。そんなところから海外を味わうのも楽しいと思います。

この絵本を読むとクッキーを焼きたくなりますし、匂《にお》いが漂ってくる絵本なのです。おそらく焼いているのはチョコチップクッキーではないでしょうか。読み終わったら、チョコチップクッキーを実際に焼いてみませんか？　絵本の中に出てきた食べ物は本当においしそうに見えるので、私は絵本を読んだ後なるべく再現するようにしていました。

たとえば『こまったさんのスパゲッティ』（寺村輝夫・作、岡本颯子・絵／あかね書房）のような「おはなしりょうりきょうしつ」シリーズを買って、その中の料理を再現することもよくありました。私は料理本が大好きで家にたくさんあるのです。それを子どもたちもよく見ていて、食べたいというものに付箋《ふせん》を貼って「作って」とよく言っていました。そういう環境だったせいか、今は子どもたちも料理好きになっています。

27

わにわにのおふろ

小風さち・文
山口マオ・絵
／福音館書店

文字通り、ワニの「わにわに」がお風呂に入るという、それだけのお話なのですが、意外性に満ちあふれた絵本なのです。主人公の「わにわに」は、字面からすごくかわいいワニだと思ったら、めちゃめちゃ怖そうなワニです。

子どもたちも「めっちゃ、こいつ、ごっついな」「結構、怖い顔してるな」と言っていました。「わにわに」の顔に慣れるまでに少し時間がかかりますが、読んでいくと、怖い顔と話の中身にギャップがあって、それが面白くてハマってしまいます。

この『わにわにのおふろ』では、お風呂が大好きなわにわにが、お風呂場の蛇口をひねってお湯をためて、そこに浮かべたおもちゃで遊んだり、歌を歌ったりします。石鹸《せっけん》を泡立てて体を洗って、シャワーで流したりもします。やっている

ことは人間がお風呂ですることと同じなのですが、ワニがそれをやっているというおかしさ。そして、その様子と怖い顔とのギャップがなんともかわいいのです。

お湯の中に沈んで目だけを出している姿はワニそのものです。目が今イチ笑ってないのが怖いのですが、そんなところも子どもたちには大ウケです。普通の怖いワニがお風呂で遊んでいるというのが面白いのです。全然かわいく描いていないし、背中なんかもゴツゴツしています。子どもたちも「こいつ、やばいな」「絶対、ゴツゴツしてるぞ」といちいちつぶやいていました。

近寄ったらかみ殺されそうな感じなのに、やることなすことかわいいので、みんなわにわにが大好きでした。うちの子どもたちはお風呂好きだったので、『わにわにのおふろ』はとくにお気に入りでした。

この『わにわに』はシリーズになっていて、何冊も出されています。やはり子どもには人気なのでしょう。『わにわにのおふろ』ではお風呂のわにわにの様子がわかりますが、シリーズの他の本を読むと、また違うわにわにの姿を見ることができます。シリーズで読むと「今度は何をやるんだろう」「こんなこともできるんだ」と興味がどんどんふくらんでいきます。

28 ノンタン　はみがき　はーみー

キヨノサチコ作・絵／偕成社

「ノンタンシリーズ」は全部そろえています。子どもたちはノンタンが大好きです。その中から私が紹介したいのは『ノンタンのはみがきはーみー』です。私は子どもたちの歯磨きを徹底していました。それこそ命をかけて磨いていたといっても過言ではありません。だから、乳歯のときも永久歯になってからも虫歯は一本もありませんし、歯並びもきれいです。「歯磨きはママのおかげだね」と子どもたちも言ってくれています。

心臓や肺などの臓器は、何か汚れても取り出して自分できれいにしたりはできません。でも、歯だけは自分でケアできるものなのです。歯の健康がいかに体全体に大事かというのは最近盛んに言われるようになってきました。私もずっと前から歯の健康は非常に大事だと思っていたし、食事に使用した皿をピカピカに磨くように歯も磨かないといけないと考えていました。だから、長男に下の歯が二

本生えたときから歯医者さんに連れていっていました。歯医者さんは、「こんなに早くから検診に連れてくる人はいないよ」と言っていましたね。

この絵本の中にある歯磨きをするときの「はみがき　はーみー、しゅこ　しゅこ　しゅっ　しゅ」は主人のお気に入りのフレーズで自分の歯を磨くときにもこの言葉を言いながら磨いていました。この絵本を見ると、子どもたちはあのときのお父さんを思い出すようです。歯がそこそこ生えそろったら、一人につき二十分ずつかかりましたが、私が毎晩磨いていました。全員小学校が終わるまで私が磨きましたが、中学生になったら各自で歯を磨くようになりました。しかし、年三～四回の歯科検診は高校三年生まで連れていきました。子どもたちは歯の大事さが身に染みていますので、夜にきちんと歯を磨いた後はお水かお茶以外は絶対に飲んだり食べたりしません。大人になった今でも徹底していますね。もう確固たる習慣になっているのでしょう。大学に入ったら、近所の歯医者さんを見つけて自分で検診に行っているようです。主人は、家にもう子どもはいないのに時々「はみがき　はーみー」と言いながら歯を磨いている姿はなんともおかしいです。

29

にんじんさんがあかいわけ

松谷みよ子・文
ひらやまえいぞう・絵
／童心社

野菜を題材にした作品はたくさんありますが、絵のタッチが大好きなので買った絵本です。にんじん、ごぼう、だいこんの色も描き方が、主婦の目から見てもおいしそうなのです。

にんじん、ごぼう、だいこんがどうしてあのような色をしているかというお話なのです。お風呂に入ったとき、最初に飛び込んだごぼうさんは熱くてすぐに飛び出してきたから黒いまま、にんじんさんは熱いのを我慢して入っていたから赤くなって、だいこんさんは冷めてから入って体をよく洗ったから白くなったというわけです。

最近はだいこんにしてもにんじんにしても、葉のついたまるまる一本は売っていません。ごぼうにしても土付きでは売っていることはなく、きれいに洗って短く切ってパックに入れて売られています。今の子どもたちは、野菜にしても魚にしても原形を知らないことが多いのです。カット野菜は便利だけど、本来の野菜の姿ではないので私はなるべく本物を見せたいと思っていました。葉のついただいこんを子どもに持たせると、すごく重いのでびっくりします。葉っぱが大きいのにも驚いていました。野菜を食べることも大事ですが、その前の段階の植物をしての姿を知ることもすごく大事です。時々、散歩すると野菜を育てている畑で様子を観察することもありました。畑で育っている野菜は、大地のめぐみという感じがしますから、調理したものでも子どもたちは大事にいただく気持ちになりますね。

私は食材にこだわっていたので、絵本も食べ物を扱った作品をいろいろ買っていました。野菜がテーマになった絵本はたくさんありますが、その中からもう一つのお気に入りを挙げるならば、柳原良平さんの『やさい　だいすき』（こぐま社）があります。柳原良平さんは昔のトリスウイスキーのキャラクターを描いた有名なイラストレーターで、絵がすごくおしゃれです。野菜って誰でも描けるものですが、それだけに芸術に近い絵にしてほしいなと思うのです。子どもに見せるものは、いいものでなくてはいけません。私は絵本を選ぶときには絵にこだわりましたので、柳原さんが描いた絵本はたくさん子どものためにそろえました。

きつねとねずみ

ビアンキ・作
内田莉莎子・訳
山田三郎・絵／福音館書店

ビアンキさんというのはロシアの作家です。さすがにロシアのお話だから絵が日本のものとは違うなと私は長い間思い込んでいたのですが、実は山田三郎さんという日本人の画家の描いた絵だと知って驚きました。

ねずみを食べようとやってきたきつねのだんなとのやりとりが描かれています。きつねが「はなが　どろんこ、どうしたんだい？」とねずみに聞きます。ねずみは「すあなをつくったのさ」と答えます。「なんだって　すあなをつくったんだい？」と聞くと、「きつねさん。あんたから、かくれるためさ」と答えて巣穴の中にもぐりこみます。食べたいきつねと食べられたくないねずみのやりとりが絶妙です。話なんかしていないで、さっさと食べてしまえばいいのに、すぐに食べないところが面白いところです。きつねのだんなは、ずる賢そうでいながら優し

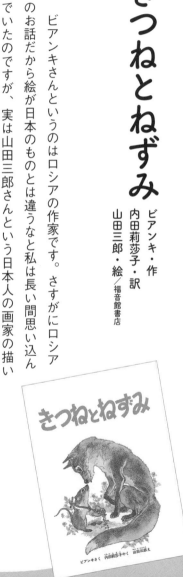

いところがあって、それで捕まえそこなってしまうのです。

その点はちょっとかわいそうなのですが、ほんわかとしていて、平和な結末がいい感じです。きつねのユーモラスな一面を見てほっこりします。

子どもたちは何度読んでも楽しそうに聞いていましたし、飽きない様子でした。リズミカルな短い言葉が続くので、聞いていて心地いいし、読んでいる私も歌を歌っているような気分になります。この絵本はお話だけではなくて、絵を隅《すみ》から隅まで見てほしいと思います。よく見たらこんなところにモグラやいろいろな生き物が見つかって子どもたちは大喜びです。絵本はあらすじだけでなく、絵そのものをじっくり見る楽しみがあります。作者が意図して隅っこのほうに大事なキャラクターを小さく描いたりしていますから、発見したときには嬉しいのです。ぜひ、読みながら宝探しをしてみてください。この絵本では、ねずみが掘った穴の断面が舞台になっていますので、理科の観察でのアリの巣を横から見ているような面白さがあります。この同じ作家、訳者、画家で『かもときつね』という作品もあります。こちらはきつねがかもを食べようとして追いかけ回すのですが、逃げられてしまうというお話です。あわせて読んでみるといいでしょう。

31

3びきのくま

トルストイ・作
バスネツォフ・絵
小笠原豊樹・訳／福音館書店

トルストイ原作の絵本です。森に暮らすお父さん、お母さん、子どもの三匹のくまの家に人間の女の子が入り込んで、スープを飲んでしまったり、椅子《いす》を壊したり、ベッドで眠ったりと、騒動を起こします。眠っているときにくまが帰ってくるところはハラハラドキドキ、ちょっと怖い感じがします。この絵本にはいろいろな版があって、絵が軽いタッチのものもありますが、ロシアのくまは怖そうなイメージがありますので、この福音館書店版の絵本のくまは、話の内容に合っていると思います。森の感じも鬱蒼《うっそう》としていて暗くて、いかにもロシアの森といった感じです。

くまにはミハエル・イワノビッチとかナスターシャ・ペトローブナというように、ロシア風の名前がついています。発音が難しいので、読み聞かせをする前に練習しておいたほうがスムーズに読めるでしょう。また、くまのセリフはお父さ

ん、お母さん、子どもでそれぞれ大中小と字の大きさを変えていますから、声の大きさや声色を変えて読むと、いっそう雰囲気が出てきます。

読み聞かせをしたとき、子どもがドキドキしているのがわかりました。女の子がくまの家の中に入り込むところは、「これ、まずくない？」「かなり、怖いだろ」と言いながら聞いていました。何回も読んでいるのですが、毎回ドキドキしながら、「いやいや、早く帰ったほうがよくない？」「もうスープは食べるなよ、早く帰れよ」とごちゃごちゃ言っているのが面白かったです。

女の子がベッドで寝ているところにくまが帰ってくる場面はちょっとハラハラしますが、見かけは獰猛《どうもう》そうなのに意外に落ち着いた感じのくまに安心します。ハッピーエンドで終わるので、読み手の私も、聞いてる子どもたちもやれやれと胸をなで下ろすという終わり方なのです。子どもたちもホッとして満足感を味わうことができるハッピーエンドで終わる絵本というのが大切ですね。ハッピーエンドで終わらないあらすじはネガティブな気持ちを引きずるので、すっきりできないのです。大人はそのような小説も楽しめますが、子どもにはなるべくハッピーエンドのものを選んであげるといいでしょう。

32

きいろいばけつ

もりやまみやこ・作
つちだよしはる・絵
／あかね書房

きつねの子が橋のたもとで「きいろいばけつ」を見つけます。前からばけつがほしかったきつねの子は「だれもとりにこなかったら、きつねくんのにしたら」という友達のアドバイスを聞いて、一週間待つことにしました。そして毎日、ばけつがあるかどうか見に行きました。きつねの子のばけつへの思いとは裏腹に、ちょっと切ない終わり方になっているので、話を聞いていた子どもたちはきつねの子に同情していました。でも、たまにはこういう話もいいのではないでしょうか。

黄色は子どもが好きな色ですね。この本は絵本と小説の間みたいな内容ですが、おすすめの一冊です。ハードカバーで少し厚いので、慣れていない子どもは「長そうだな」と思うかもしれません。でも、字が大きくて意外と文字量も少ないから、それほど負担ではありません。絵本から童話への移行期に便利な本だと思います。

字を読むのが面倒だと思わない子に育てるためには、字がたくさんあっても読みやすい本を選ぶことが大事です。薄い絵本から一気に普通のハードカバーに移行するのはハードルが高すぎるので、その一歩手前の段階として、この『きいろいばけつ』のような絵本は便利だと思います。絵も大きいので、子どもも面白く感じるようです。

しかし、字が多いとどうしても飽きてしまうので、読み聞かせのタイミングを考えたほうがいいでしょう。私は子どもが遊び疲れてゴロゴロしているようなときに読んでいました。長いので三回ぐらいに分けて呼んでもいいかもしれません。

でも、長いわりに子どもは集中して聞いていました。子どもにとって、集中できるというのは大事なことです。「次は何かな？　次は何かな？」と想像しながら聞いていると、集中力が鍛えられると同時に、文章を読む面白さがわかるようになります。そういう耳を鍛えるためには、うってつけの絵本です。普通の絵本より一歩大人になった子ども向けという感じです。『つりばしゆらゆら』『あのこにあいたい』など、同じ作家と画家コンビのシリーズ本が何冊かありますから、あわせて読んでみるといいと思います。

33

だってだってのおばあさん

佐野洋子・作・絵／フレーベル館

絵本は読む側も子どもも楽しくてほっこりとした気分になる内容のものがいいですね。この佐野洋子さんの『だってだってのおばあさん』という絵本はまさにぴったりの絵本です。

主人公のおばあさんは「だって　わたしは　98だもの」が口癖です。ねこに魚釣りに誘われたら「だって　わたしは　98だもの」と年齢を理由に断りますし、ケーキ作りが上手なのも「だって　わたしは　おばあちゃんだもの」と年齢を理由にしています。

ところが、ねこがおばあさんの誕生日を祝うためのローソクを落としてしまい、五本のローソクだけ立てて祝うと、突然おばあさんは若返って川を飛び越えたりします。どうしてそんなことができるようになったかというと、「だって　わたしは　5さいだもの」。ローソクの本数が変わっただけで、気持ちが変わって若

返ってしまったというのが愉快です。人って気の持ちようかも、と大人も納得。

子育てをしているとき、私の母がよく手伝いに来てくれていました。子どもたちにこの絵本を読むと、おばあちゃんを母に投影して「おばあちゃん（母のこと）も歳を若くしたらいいのにな」とよく言っていました。

この絵本を読んだとき、年齢はこんな感じで飛び越えられるのだから、あまり年齢にこだわらなくてもいいなと思いました。ローソクが五本しか立っていないから五歳になるという発想は何より新鮮でした。まさに本物の五歳くらいの子どもたちも「そうなんだ」と納得顔だったのが面白いと思いました。この「98だもの」というような大きな数字は馴染みがない子もいるので「98の次は99歳の誕生日で、その次が100歳だよね」というように、丁寧に教えてあげるといいでしょう。そして世の中にはいろいろな年齢の人が生きていることや、ほんの一言で考え方が変わることをわかってくれたらいいなと思って私は読んでいました。おばあさんが主人公の絵本は優しい気持ちになりますし、おすすめです。これから超高齢化社会になるので、おばあさんを年寄り扱いするのではなくて、子どもが「おばあちゃんはまだまだ若いよ」という気持ちを持つようになることが大事だなと思います。

34

100万回生きたねこ

佐野洋子・作・絵／講談社

佐野洋子さんの名作です。100万回死んで100万回生きたとらねこがいました。みんながかわいがり、死んだときには泣いたけれど、とらねこは一度も泣いたことがありません。そんなとらねこが白いねこと出会って、生き方が変わってしまうというお話です。

読み聞かせのポイントは、教訓めいたことは言わないこと、そして淡々と読むことでしょう。子どもたちはしーんとして聞いていました。彼らはまだ何年も生きていないから、100万回も死んで100万回も生きたねこのことは想像がつかなかったのでしょう。生まれ変わるというのがどういうことかもわからなかったと思いますが、自然と受け入れている様子でした。100万回という数字の迫力には大人は圧倒されますけど。

佐野さんの描くねこの絵にインパクトがあって、まだまだ生まれて何年も生きて

いない子どもに人生というものを考えさせるような不思議な絵本です。内容は「子どもには早いかな」と思うかもしれませんが、ねこの話ですし、三歳ぐらいから読んであげてもいいと思います。この絵本は年齢によっても受け入れ方が変わってきます。そこが大事なところで、私も子どものときに読んだ絵本はこういう話だったと思っていたのに、大人になって読み直してみたら、違う話に思える経験が多々ありました。

たとえば『おおかみと7ひきのこやぎ』は、自分が子どものときにはおおかみを撃退する痛快なお話と受け止めていましたが、自分が子育てを始めると子どもに留守番させたときに起こったことのように思えて涙が止まらなくなりました。おおかみに襲われて逃げ惑っているこやぎに自分の子どもたちを重ねてしまったのです。世の中には子どもたちが巻き込まれる事件や事故もありますから、そんなことを想像してしまいました。心配のあまり、子どもたちに「おおかみが来たら玄関を開けたらダメよ」と言ってしまい、現実と絵本を混同している母親を見てあきれた子どもたちからは「そんなことあるわけないやろ」と一蹴《いっしゅう》されました。しかし、今でもあれは泣ける話だと思っています。

35 かにむかし

木下順二・文、清水崑・絵／岩波書店

これは「さるかに合戦」を下敷きに木下順二さんが文を書いて、清水崑《しみずこん》さんが絵をつけた作品です。木下さんの文章はちょっと古い感じがしますが、それがなんとも言えない昔ばなしの雰囲気を醸し出しています。絵も色をそれほど多く使っていないのにいい感じです。

言葉づかいも昔風で、たとえば、「おもって」ではなくて、「おもうて、それをひろうて　もどった」というように書いています。お母さん方は、このままの言い回しで読んであげてください。子どもたちは昔の言い方に慣れていませんから、ゆっくり読むのがコツです。読点や一字空きが多いので、そこを意識して読んでほしいと思います。

「さるかに合戦」も桃太郎と同じレベルで、日本人が教養として知っておくべき

話です。長く伝えられている昔ばなしは結論がわかっていますが、それでも子どもたちは前のめりになって聞いています。

とくにこの話は物事の真理をついているというのか、悪いことをしたら必ず因果応報で悪いことが帰ってくるというストーリーになっていますから、そこに気づかせることも大事だと思います。子どもたちも、最後はなんとも言いようがない感じでため息をついていました。

木下順二さんは『鶴の恩返し』を下敷きにした『夕鶴』という劇の脚本を書いていますから、こういう昔ばなしの再話がお上手なのです。言葉がきれいですし、清水さんの絵も上品です。「さるかに合戦」の絵本はたくさん出ていますが、私はちょっと昔の薫《かお》りのするこの本が好きです。

絵本ではありませんが、木下順二さんは日本の昔ばなしをまとめた『わらしべ長者』（岩波少年文庫）も出しています。ここには「かにむかし」をはじめ「こぶとり」「三年寝太郎」「天人女房」「ききみみずきん」などが収録されています。

『ききみみずきん』は、かぶると自然の木々や鳥たちの言葉がわかる不思議な頭巾の話で、初山滋《はつやましげる》さんが絵を描いた絵本が岩波書店から出ています。

36 そして、トンキーもしんだ

たなべまもる・文、かじあゆた・絵／国土社

戦争中に上野動物園にいたぞうのトンキーの実話です。命令により動物たちを殺さなければならない飼育員さんたちの苦しみと、最後まで人間を信じ切って死んでいったトンキーが切なくて、何回読んでも号泣してしまいます。

私がこの絵本を読んだとき、子どもたちは号泣しているママに話しかけることもせず、じっと正座して聞いていました。「泣いているママを見ちゃいけない」という気遣いなのか、子どもたちは絵だけを真剣に見ていて、私のほうを見ないのです。まだ長男が四歳ぐらいのときですが、子どもでもそんな気遣いができるんだなと思いました。読むときは泣かない覚悟をして読み始めるのですが、どうしてもこの絵本を読むといつも号泣してしまいます。それでも、終戦記念日のある八月には必ず読むことにしていました。八月になると新聞も戦争の特集をしま

すから、子どもたちに記事を読んで聞かせました。読者の投稿もたくさん載りますが、投稿者の年齢がだんだん上がってきて、戦争経験者が少なくなっていることを実感します。しかし、戦争があったことは絶対に忘れてはいけないし、伝えていくことは親の使命だと思っています。

絵本を読んで、「動物だけではなくて人間も食べ物がなかったからこんな悲劇が起こったんだよ」という話をしました。ひもじいはずなのに一所懸命芸をする象の姿を見ていた飼育員さんはたまらなかったと思います。子どもたちに「平和が大事」「戦争したらダメ」といった直接的な言葉で話す必要はありません。「ママがこの絵本を読むたびに号泣していた」というだけで「戦争はやばいぞ」ということが伝わればそれで十分だと思っていました。トンキーの話で「戦争は決してしてはいけないんだ」ということが子どもたちに伝われば十分だと思います。

ウクライナのように、平和というのはいつ壊れるかもわかりませんから、遠い世界の話ではなくて、身近な感じで読んであげたらいいでしょう。現代に起こっている戦争や内紛なども早く終わってほしいという思いも込めて、ぜひ読んでいただきたい一冊です。

37

せんたくかあちゃん

さとうわきこ・作・絵／福音館書店

さとうわきこさんの描く『せんたくかあちゃん』は、とにかく元気で洗濯が大好きです。靴とか傘を洗うのは当然のこと、子どももねこや犬までまるごと洗ってしまいます。子どものおへそを狙って雷様が落ちてくると、その雷様まで洗ってしまうという、笑える展開になっています。

せんたくかあちゃんは、洗濯板とたらいを使って洗濯物を手で洗います。豪快な肝っ玉母さんなので、雷様の目や鼻や口がなくなってしまうほどゴシゴシ洗ってしまいます。そして、洗い終わったら洗濯紐《ひも》に衣類と一緒にパチンパチンと干してしまうのです。

でも、せんたくかあちゃんには優しいところもあって、洗って消えてしまった雷様の顔を書いてあげたりもします。雷様はかわいい顔になって満足して帰っていくのですが、次の日になると雷様がみんなでやってきて……という奇想天外な話が繰り広げられます。

洗濯のやり方は干し方にしても昔のやり方です。洗濯は洗濯機でするのが当然の今の子どもたちには全く馴染みがない洗濯板やたらいですが、この絵本で知っておくのもいいと思います。洗濯物を手で洗うというのは昭和の前半ぐらいの話ですが、子どもたちは絵本に描かれている洗濯板を使ってするやり方は珍しそうでした。洗濯板の使い方は説明しておいたほうがいいかもしれませんね。

読み聞かせをするときは、お母さんが元気よく読んであげたらいいと思います。とくに最後の「よしきた、まかしときい」という言葉は、明るく元気よく。

この『せんたくかあちゃん』はシリーズになっています。私はさとうわきこさんの絵本が好きで、『ばばばあちゃん』シリーズなども買い集めました。さとうさんの絵本は、日常生活に結びついている作品が多いのが特徴です。『ばばばあちゃん』は、おばあちゃんの知恵袋みたいな感じで、絵がほっこりしているから子どもも大好きです。『せんたくかあちゃん』とあわせてシリーズで読むことをおすすめします。

38 ねこざかな

わたなべゆういち作・絵／フレーベル館

この絵本を最初に子どもたちに読んだときは衝撃的でした。『ねこざかな』というタイトルから「ねこが魚を食べる話かな?」と想像していたのですが、ねこと魚が合体してしまうという話なのです。「えっ、どういうこと?」と、頭の中はクエスチョンマークだらけでした。しかも、この魚がめちゃめちゃ気が強くて、自分を食べようとしているねこを逆に大きな口を開けて飲み込んでしまったので、「ねこざかな」が誕生するわけです。ねこと魚は時々出たり入ったりしていますが仲良しで、ふたりでいろいろなことをやっていきます。魚は「ふん　ふ　ふ　ふーん」と歌いながら海を泳ぐし、魚の中に入ったねこもつられて「にゃん　にゃ　にゃ　にゃー ん」と実に楽しそうです。

魚に入り込んだ「ねこざかな」の絵はとてもかわいいのです。私が子どもに読み聞かせをしていたころは一冊しか出版されていなかったのですが、その後シリーズ化されて何冊も出ています。それを知ったときは、「まだ、このふたり仲良くやってるの？」と思ってびっくりしました。

ねこが魚の中に入るという非現実的な状態なので、さすがに柔軟な思考の子どもにとっても受け入れてすぐに慣れるというわけにはいかなかったようです。はじめ、子どもたちでも目がテンになっていました。ゆっくり読んであげていると、次第にねこざかなワールドへ。いったん、状況を受け入れられると、その後はひたすら楽しいだけなのです。

「ねこと　さかなで　ねこざかな」「きょうからともだち　うれしいな」「ふんふ　ふ　ふーん」「にゃん　にゃ　にゃ　にゃーん」というような言葉は、子どもたちもかなり、気に入っていました。

絵の色もきれいだから、子どもたちには人気があるようです。最初の『ねこざかな』は一九七八年に月刊絵本で登場し、一九八二年に市販化されたそうですが、その後、全部の絵を描き直して新たに片観音というページを巻き折りの形にした仕掛けを入れて、「ねこざかな」シリーズになっています。

39

はれときどきぶた

矢玉四郎・作・絵／岩崎書店

タイトルからもわかるように変わった内容の絵本です。空からぶたが降ってきたり、お母さんが鉛筆をてんぷらにしたり、奇想天外な話ばかり。私は淡々と読みましたが、子どもたちはかなり楽しんでいました。小学生になれば一人で読めますが、四歳ぐらいの幼稚園児にもおすすめです。いわば意味不明で奇想天外なファンタジーなので、文章は長めですが四歳ぐらいからでも十分楽しめます。小学生になったら自分で読めますから、自ら楽しむことができます。

ファンタジーというのは、年齢が上がるにつれて小さなときほど楽しめなくなりますから、とりあえず早めに読んであげてください。また、ハードカバーになって字が多くなると、「自分で読んだら」と子どもに言いがちですが、最初はお母さんが読んであげましょう。子どもが「自分で読んだほうが面白い」と言うよ

うになれば、そのときは子どもにまかせればいいのです。大変かもしれませんが、子どもが「もう読んでくれなくてもいいよ」と言うまではお母さんが読んであげてほしいなと思います。

絵本の絵にしても、年齢が違うと注目するポイントが違うのは面白いです。長男も自分が三歳のときに何回も読んでもらったはずなのに、下の妹に読んでいるのを一緒に見ていたら、「あれ？　こんなところにこんな絵が描いていた？」ということがよくありました。そういう発見は、新鮮な興味を引き出します。

だから私は、絵本の対象年齢は目安として考えすぎず、きょうだいみんなで楽しめばいいと思っています。よくお母さん方から「三人の子どもの年代に合った本をそれぞれ読んでいるけれど、下の子に合う絵本を読んでいると上の子が退屈してしまいそうで」という声を聞きます。でも、そんなことは気にせず、同じ空間で三人同時に読んであげればいいと思います。そもそも、一人ずつその子専用に読み聞かせの時間をつくるなんて不可能だし現実的ではありません。

とくに文学には年齢は関係ありませんから、お母さんが面白いと思ったものはどんどん読んであげてください。

40

ぞくぞく村のミイラのラムさん

末吉暁子・作、垂石眞子・絵／あかね書房

　この『ぞくぞく村のミイラのラムさん』は、主人公がミイラというのが斬新なのです。ミイラのラムさん以外にも、「ぞくぞく村のおばけ」シリーズには、入れ歯のドラキュラ、さむがり屋の透明人間サムガリー、ほうきに乗れない魔女、かぼちゃ怪人、雪女のユキミダイフク、のっぺらぼうのペラさんといった登場人物が出てきますが、どれもみんな変わっています。発想が面白いので、子どもだけでなく私も読んでいて面白かったです。

　ミイラのラムさんはお風呂が大好きで、なんとホルマリンのお風呂なんです。しかも、お風呂に入るには包帯をほどかなくてはいけないので、いちいち面倒なのです。ミイラなのに、お風呂に入るときは生きている人間と同じように裸にならなくてはならないのかと笑ってしまいますが、妙に絵がリアルで面白く、思わ

ず「ええ？」と声が出てしまいます。

子どもが実物のミイラを見る機会は展覧会ぐらいしかありませんから、ミイラには興味があるらしく、食いつくように絵を見ていました。ちょっと話が長いけれど、漫画っぽいところもあるので、小さな子どもでも楽しめます。

日本人にとってミイラといえばエジプトなので、はじめは遠い国のお話のような気がしますが、このミイラのラムさんは、身近なお友達のような感じなので話に入り込みやすいですね。子どもたちは、怖いもの見たさにミイラの世界をラムさんと一緒に楽しんでしまいます。子どもはお化け関係は好きですから、この本は受けること間違いなしです。

読み聞かせのポイントは、お母さんもおおいに楽しむということでしょう。

この「ぞくぞく村のおばけ」シリーズは人気があって、現在十九巻まで出ています。

エジプトは、刻んだモロヘイヤを煮込んだスープが有名なのでさっそく作ってみましたが、子どもたちには今ひとつで、結局、茹でたものを刻んで鰹節と醤油をかけたら大喜びでした。日本とエジプトの味の融合だねと大笑いしたものです。

41 おにたのぼうし

あまんきみこ・文
いわさきちひろ・絵
／ポプラ社

桃太郎の鬼退治に代表されるように、鬼は悪いものというイメージが定着しています。この本の主人公の「おにた」は困っている人を助けようとする心の優しい親切な鬼です。いわさきちひろさんの絵は輪郭がにじんだ感じで、それが「おにた」の優しさをよく表しています。

鬼は怖いものという人間の固定観念によって、「おにた」は悲しい思いをします。この絵本を読み終えて、親としては「鬼だから悪いと決めつけるのはよくないよ」「鬼にも気のいいのがいるんだよ」と教えたいところですが、それは言わないでおきましょう。大人が言葉で説明するのではなく、子どもが自分で感じ取る余裕を残してあげることが大事だからです。この絵本を読んだ後、子どもたちは「おにた、かわいそうやね」と言っていました。「おにた」を自分の友達のよ

うに思っているようでしたが、そう感じるのはとてもいいことだなと思いました。

子どもが大きくなって世界に出ていけば、国によっていろいろな考え方の違いがあることを知るでしょう。それを偏見なく受け入れてほしいなと思います。たとえば先進国の人は発展途上国の人に「それはおかしい」と言いがちですが、相手の国のことをおかしいというのはやめるべきですね。「おかしいかどうかは簡単にはわからないし、そんなに偉そうにしてはいけないね」と子どもにも言ったことがあります。

そして、そういうときは「おかしい、ではなく『違っている』という考え方をしないとお互いで歩み寄って理解できない」と伝えました。お互いの違いを認め合えば、みんな平和に生きていけるのです。それが世界で生きていくための基本だと思いますし、まず大人がそういう考えになる必要があるでしょう。

鬼だって「おまえは鬼だから」というのではなくて、ちょっと違いがあるだけで、お互いがその違いを認めれば一緒に前に進めるのです。最近の絵本にはそういう切り口のものが増えていますから、そのあたりを子どもたちに考えてほしいと思います。

42

島ひきおに

山下明生・文、梶山俊夫・絵／偕成社

この『島ひきおに』も鬼の話です。ひとりぼっちで寂しがり屋の鬼が嵐の晩に助けを求めてきた漁師に「人間と一緒に暮らすにはどうすればいいのか」と尋ねます。困った漁師たちは、自分たちの島は狭いので鬼が住んでいる島を引っ張ってきてくれれば……とその場しのぎに答えます。すると人間と仲良くなりたい鬼は本当に島を引っ張って人間の住む島にやってくるのですが、どこでも厄介払いされてしまうという悲しいお話です。

この話は、広島県の能美島《のうみしま》の近くにある敷島という無人島にまつわる言い伝えを作者の山下明生さんが聞き集めたそうです。梶山俊夫さんの描く海の絵がなんとも言えない哀愁があるのです。また、子どもは細かな部分が好きですから、この絵の小さく描かれたところを食い入るように見ていました。鬼が来てみんなが

逃げている場面などは本当に詳細に描かれていて、人間があたふたしている雰囲気がよく伝わってきます。

子どもたちはそのページをじーっと見て、いろいろな感想を言っていました。だから私もそのページを読み終わってもすぐに次に行かずに、子どもたちが満足するまで見せていました。またページによってはさっさとめくったり、ゆっくりめくったりして人々の慌てている様子が子どもたちに伝わるように工夫しました。

昔っぽい言い方や方言が含まれているので、読むときは語尾をわかりやすくゆっくり発音するようにするといいでしょう。最後のページはとくにゆっくり、余韻が残るように読んであげてください。それが子どもの感情を豊かにしていきます。

このお話は「鬼は怖い」と思い込んでいた人間たちが鬼を遠ざけようとして口からでまかせを言ったことによって起こった悲劇です。鬼は寂しくて人間と仲良くしたいだけなのに、人間は鬼が怖くて逃げてしまう。鬼の気持ちを理解しようとは端《はな》から思っていないのです。そんな様子を絵で見た子どもたちは、最後、みんなでため息をついていました。子どもたちは、「仲良くするのはどうしたらいいか」ということを自然と考えていたようでした。

43

おやすみなさい コッコさん

片山健・作・絵／福音館書店

子どもってなかなか寝ません。親は早く寝てほしいのですが、そういうときに限って、なかなか寝てくれない経験をお持ちの方は多いでしょう。

この絵本に出てくるコッコさんもそうです。夜になって、起きているのはお月様だけという時間になっても、コッコさんは眠りません。「もう　そらの　くもも　ねむったよ」と言われても「そらの　くもが　ねむっても　コッコは　ねむらないもん」と言って眠らない。「いけの　みずだって　ねむったよ」と言われても「いけの　みずが　ねむっても　コッコは　ねむらないもん」と言って眠りません。

「とりも　ねむったよ」「ふとんも　ねむったよ」と言われても「コッコは　ねむらないもん」と、いちいち逆らってきます。でも、このような同じパターンが

繰り返されているうちに、コッコさんはだんだん眠くなって、最後にはぐっすり寝てしまいます。

私はこの本の読み聞かせをするとき、最後のページに向かうにつれて、少しずつ声を小さくして読んでいくように工夫をしていました。言葉の区切りを活かして、ゆっくりと、同じ言葉はわかりやすく、はっきり読んであげるといいでしょう。また、コッコさんの声はかわいらしく読んであげるといいと思います。

片山健さんの描くコッコさんの絵は眉毛が特徴的です。子どもらしい太い眉毛でかわいいなと思っていました。これは昔からあった絵本ではなくて、意外と新しい本です。コッコさんは女の子なので、下の娘と重ね合わせて読んでいたような記憶があります。コッコさんという名前が変わっているけれど、片山さんの絵が水彩画みたいな感じでとても素敵です。

この「コッコさん」もシリーズになっていますので、片山さんが描く絵やストーリーが気に入ったら、ぜひ読んであげてください。

44

しろくまちゃんのほっとけーき

わかやまけん・作・絵／こぐま社

　この『しろくまちゃんのほっとけーき』は、しろくまちゃんがお母さんと一緒にホットケーキを作るというお話です。フライパンとボウルと大きなお皿を準備して、冷蔵庫から卵を出そうとして落として割ってしまったりしながら、ホットケーキを作っていきます。そして、ホットケーキができたら、お友達のこぐまちゃんを呼んで一緒に食べて、食べ終わったら二人で一緒にお皿を洗います。

　この絵本は色がシンプルなので、読むときも淡々と読んでいました。そして、読むたびにホットケーキを作って、「しろくまちゃんのほっとけーきよ」と言いながら出していました。

　この絵本には、料理本のようにホットケーキを作る手順が丁寧に描かれていいます。「できた　できた　ほかほかの　ほっとけーき」というページには、子ども

たちが食いついてきました。なぜか絵本に描かれた食べ物はおいしそうなのです。こういう絵が出てきたら、必ず本物を作ってあげるというのが大事ですね。

子どもたちが、食べるだけではなくて、作ってみたいと思ってくれたらいいなと思いました。でも、もし子どもが興味を持つようなら、しろくまちゃんと同じように、お母さんと一緒にホットケーキを作ってみるといいでしょう。

しろくまちゃんは、目がちょっと怖そうなのです。子どもたちは、しろくまちゃんがいつ笑うのかと思って最後まで見ていましたが、結局笑わないので「これ、笑わないね」と言っていたのが印象的でした。かわいいけれど笑わないので、子どもたちも今イチなじめないという感じだったのが面白かったです。

なぜニッコリと笑わないのかなと思って、しろくまちゃんのシリーズを何冊も買って確かめてみましたが、全部同じ顔をしていて、微妙に笑っていませんでした。そういうキャラクターなのでしょうが、ちょっとでも笑ってほしいなといつも思いながら読んでいました。

45 じごくのそうべえ

田島征彦・作・絵／童心社

田島征彦《ゆきひこ》さんの絵が迫力満点です。地獄というと怖そうですが、明るく元気のいい絵なので、意外と怖さは感じません。そうべえは、山伏のふっかい、歯抜き師のしかい、医者のちくあんと一緒に地獄で大暴れをします。「じんどん鬼（人呑鬼）」という鬼に呑み込まれると、体の中でいたずらをして、鬼を七転八倒させます。

これは一ページずつ絵を楽しむ本です。だから、ぱっぱとめくってはいけません。地獄の様子を楽しむ絵なので、子どもたちが絵の隅《すみ》から隅まで確認できるように、ゆっくり見せながら読んであげてください。子どもたちは絵を見ながら、「何？　これ？」と聞いてきました。そういうときは脱線して説明してあげましょう。この絵本はかなり描き込まれているので、じっくり見るといろいろ面白い発見があります。読み飛ばすのではなく、絵を十分に味わう力をつけてあげるのに最適な絵本なのです。

共通テストなどでも、リスニングの試験で英語を聴いたあとで、「今しゃべった内容と同じ絵を下の四つの中から探しなさい」というような問題が出ています。たとえば、男の子とパンダの話を英語で聴いて、絵を見ると、一つはパンダと男の子が隣に並んでいる、一つは前後に並んでいる、一つはパンダが寝ている、一つは男の子とパンダが手をつないでいる、というような四つの絵の中から正解を選ぶわけです。これはリスニング能力もさることながら、どういう絵になっているかをパッと判断できる目を養うことも必要です。こういう絵本を隅から隅まで見ると、そういう絵から判断する力を養うことができます。だから、「はい次、はい次」と読むのではなくて、話を聞きながら、「今の話はここのことだな」と子どもがわかるようにゆっくり読んであげてください。

とくに田島さんの絵は細かいので、ゆっくり読まないと、子どもも「ここだ」ということがわかりません。二つの絵を並べて、間違い探しをするクイズ問題がありますが、見たときに「ここが違う」と感じて二つの絵を見比べる力は必要ですので時々そのようなクイズで遊ぶこともいいと思います。そういう能力は日ごろから絵を見て養っておかないと身につきませんが、この絵本でも養えるわけです。

46

たまごにいちゃん

あきやまただし・作・絵／鈴木出版

ひたすらかわいい絵本です。たまごにいちゃんは大きくなって、もう殻から出なくてはいけないのですが、出たくありません。弟や妹は殻から出ているのに、たまごにいちゃんは相変わらず殻の中にいます。殻から出たらお兄ちゃんにならなくてはいけないから、絶対に出たくない。いつまでも殻の中にいてお母さんに温めてもらいたいのです。

でも、嫌な音がしたと思ったら殻にヒビが入ってしまって、ついに割れてしまいました。たまごにいちゃんは生まれたくなかったけれど生まれてしまいます。でも、殻から出てみたら、弟や妹たちから「おにいちゃん　かっこいい」「ぼくも　はやく　おにいちゃんみたいに　なりたいなあ」と言われ、お母さんからは「みんなの　おてほんに　なるように　がんばってね、おにいちゃん」と言われて、まんざらでもない気持ちになります。

子どもって大きくならざるを得ないのです。いつまでも子どもではいられません。その第一歩はお兄ちゃんになることなんだということを教える絵本です。

この絵本を見て、上の子が赤ちゃん返りしたときのことを思い出しました。長男が一歳半のときに二男が生まれたので、まだ自分も小さかった長男はママがおうちで赤ちゃんを抱っこしているのを見たとき、たまごにいちゃんのような気持ちだったのかなと思いました。長男は、はじめは一人っ子だったのに、いきなり二人になるのですから驚いたと思います。でも、二男は三男が生まれても二人が三人になるだけだから大したことはなくて、赤ちゃん返りもしませんでした。それを考えると、長男はまだお兄ちゃんになりたくなかったろうなと思います。この絵本は、その気持ちを卵の殻で表しているのが絶妙ですね。でも、殻から出たらもうニワトリになっていたというのは、子どもの成長の早さを象徴しているかのようです。

私はこの絵本を読むと当時を思い出して、いつも身につまされてしまいます。お母さん方も「お兄ちゃんやお姉ちゃんってこんな気持ちなのかな」と長男長女の赤ちゃん返りを理解するための絵本にしてほしいと思います。その意味では、お母さんのための絵本と言っていいかもしれません。

47 こんにちは

わたなべしげお・文
おおともやすお・絵
／福音館書店

私の思い出の一冊です。二男が生まれて一、二か月ぐらい経ったとき、一歳七か月ぐらいだった長男に「絵本読んであげるわ」と言ったら、いつもは一階のリビングで読むのに「二階で読んで」と言うのです。それで二階の部屋に行って読みました。夜の十時ぐらいだったのですぐに寝るかなと思ったら、全然寝ないのです。絵本はくまくんが花やすずめやねこやお父さんなどに「こんにちは」とあいさつをして、「やあ、こんにちは」とあいさつが返ってくるだけなので、すぐに読み終わります。でも長男は、終わったらすぐに「もう一回」と言います。

十回ぐらい読んだらこちらも疲れてきて、しかも「こんにちは」ばかり言っているから飽きてきたのですが、でも長男が「もう一回」というので否定できず、どうせ読むのなら、「もういいよ」というまでとことん読んであげようと覚悟し

ました。当時、一万冊を目指していたので、カウントすることに集中することにして「これは冊数が稼げるチャンス」と考え方を変えることにしました。紙と鉛筆を脇に置いて、読むごとに正の字を書いて数えていくことにしたのです。最終的には五十四回読んで、五十五回目を読もうと思ってみると長男は寝ていました。読み終わったのは朝の四時で、窓の外が明るくなっていました。

長男は赤ちゃん返りでママを独占したかったのでしょう。子どもはいろいろとわけのわからないことを言いますが、その裏には必ず何か精神的な原因があります。それを言葉でうまく伝えられないだけです。そのことに気づいてから、子どもが何をやっても怒らないことにしました。そして、子どもが「読んで、読んで」と言ったら、とことん付き合ってあげる。これが私の子育ての原点になりました。

大人も忙しいので、なかなか絵本を読んであげられないこともあるでしょう。ただ子どもがかわいいから読んであげるといっても限度があります。でも、それを感情に出さないように、子育てを仕事というふうに捉えて対応していくのも大事だと思います。読み聞かせの成果は必ず出ますから、それを楽しみにするのもいいと思います。

48

どうぞのいす

香山美子・作
柿本幸造・絵
／ひさかたチャイルド

うさぎさんが作ったいすを野原の木の下に置いて、その隣に「どうぞのいす」という書いた札を立てました。するとそこにいろいろな動物たちがやってきて、「どうぞ」という言葉をそれぞれに解釈していきます。最初にやって来たろばさんは、担いでいたどんぐりの入った籠《かご》を「どうぞのいす」の上に置いて、自分は木の下に行ってお昼寝をします。次に来たくまさんはいすの上の籠を見て、「どうぞならば　えんりょなく」と言ってどんぐりを食べ始めます。「でも　からっぽにしては　あとの　ひとにおきのどく」と、持っていたはちみつのびんを籠の中に入れていきました。すると次にやってきたのは……という具合に、どんどん話がつながっていきます。

なんともほんわかとしたお話です。うさぎさんが椅子にしっぽをつけるのですが、子どもが「椅子にしっぽ、いらないだろ」と言っていたのを覚えています。

わらしべ長者のように、籠の中のものが次々に変わるというのが面白いお話です。くまさんがどんぐりを食べる代わりにはちみつを置いていきますが、この気持ちがすごく大事だなと思いました。次に来るきつねさんも、はちみつを食べた後にパンを入れる。今度はりすさんが来てパンを食べ、代わりに栗を入れる。その間、ろばさんはずっと寝ているのですが、目を覚ましたら籠の中のどんぐりが栗に変わっているのを見て、「どんぐりって　くりの　あかちゃんだったかしら」と言うのが愉快です。最終的にはあまり違わないものに変わっていたということで、本当にうまくできているなと感心しました。なんとも言えない面白さがあります。

作者が言いたかったのは、「からっぽにしては　あとの　ひとに　おきのどく」ということでしょう。「おきのどく」という言葉は最近あまり使いません。自分で食べておいてお気の毒はないだろうと思いますが、自分だけよければそれでいいと誰も考えない。そこが大事なところです。人との関係を学ぶことができる絵本だと思います。

同じく柿本幸造さんが絵を描いた『じゃむ　じゃむ　どんくまさん』（蔵冨千鶴子・作／至光社）も繰り返し読みました。ほっこり系でおすすめです。

49 セロひきのゴーシュ

宮沢賢治・作、茂田井武・絵／福音館書店

活動写真館の楽団でセロ（チェロ）を弾く係をしているゴーシュは、町の音楽会で演奏する予定の『第六交響曲』の練習をしています。でも、あまりにも下手なので、楽長から怒られてしまいます。

練習をするゴーシュのもとに、三毛猫やカッコウやたぬきの子や野ねずみの親子などが毎夜やって来て、いろいろな理由をつけてセロを演奏するように依頼をします。ゴーシュは腹を立てたり、追い返そうとしながらも、動物たちの依頼に応えて演奏をします。それによって、いつの間にかセロの腕前を上げて、音楽会で見事な演奏を披露するというお話です。ご存じのように、宮沢賢治の童話を絵本にしたものです。

うちの子たちはバイオリンを習っていたので、同じ弦楽器のチェロは身近に音

を感じることができるかなと思って読みました。

弦楽器はなかなかいい音を出すのが難しい楽器です。そのことを身をもって知っている子どもたちは、ゴーシュがなかなかうまく弾けないのを見て、「チェロも難しそうだな」と言っていました。子どもたちの発表会のときにはチェロを弾く子も来ていましたが、絵本でチェロを見て知っていた子どもたちは「チェロってあんな音なんだ」と実際の音を楽しんでいました。

この絵本を読むときは、チェロがどんな音色なのかスマホで検索して子どもと一緒に聴いてみるといいと思います。楽器を習っていなくても、スマホがあれば、すぐにその音を知ることができます。「こんな音なのか」と知るだけでも、子どもたちの興味や理解が全く違ってきます。そこから話を発展させることもできますから、ぜひ試してみてください。

この絵本に子どもが興味を持つようなら、宮沢賢治の『注文の多い料理店』や『銀河鉄道の夜』など、絵本になっている他の作品も読んであげるといいでしょう。

50

すてきな三にんぐみ

トミー・アンゲラー・作、今江祥智・訳／偕成社

絵本の表紙は多くの場合かわいいものですが、この『すてきな三にんぐみ』の表紙は独特です。子どもたちも最初見たときは「ええ？」と驚いてしまいました。でも話は面白いし、読んだ後に改めて表紙を見ると、すごく良い絵だなとわかります。

この表紙の黒マントと黒い帽子の三人組は泥棒で、「ラッパじゅう」「こしょう・ふきつけ」「おおまさかり」という三つの道具を使って、夜になると山から下りて獲物を探します。お金持ちの馬車を襲って宝を奪って、山のてっぺんにあるほらあなに隠すのですが、ある夜に襲った馬車の中にいた孤児の女の子と知り合ったことから話が思わぬ方向へ展開していきます。ここから「すてきな」話が展開していきます。

これは文化が違う話だなという感じがします。私は普通に読みましたが、文字

が少ないし、絵がいろいろあるので、ゆっくり読んで子どもに絵を見る余裕を持たせてあげましょう。読むだけだったらあっという間に終わってしまいます。たとえば「まずは　めつぶしに　こしょうを　たっぷり」と出てきたら、絵を見ながら「これがコショウだね」と指さしながらフォローしてあげるといいかもしれません。

外国の話なので楽しいと感じるところもあるようですが、話の内容が変わっているのと、絵が寒色を使ったものが多いので、子どもたちには今一つ馴染みがなくて、わりとしーんとして聴いていました。でも、最後は「これもいいかも」という感じで終わって、「めでたしめでたし」という満足感があるようでした。やはり、名作なのです。

三人組が初めは怖そうだけれど、読んでいくと怖くないことがわかってくるのがいいですね。子どもたちも最初は「絶対にこれ、悪い人でしょ」と言っていたけれど、最後は「ああ、悪い人じゃなかったんだ」という感覚になります。いい雰囲気で終わるというのは大事なところです。これは外国のお話ですから、一緒に他の外国の絵本を読んであげると興味が広がっていくと思います。

第三章

読み聞かせの心得13か条

読み聞かせの心得①

一度の上限は三十分

子どもは飽きっぽいので、一度に読み聞かせをする時間は三十分が上限です。私はその間に五、六冊の絵本を読んでいました。三十分で五、六冊は多いと思われるかもしれませんが、立て続けに読むのです。テレビの画面が変わるように、次々と読みます。それが子どもには面白いのです。スピード感が大事です。

そのとき、同じような本では読むほうも聞くほうも飽きるので、内容は変えたほうがいいでしょう。たとえば、くまときつねが出る話を読んだら、次は全然関係ない、太郎と次郎が出てくる話を読む。そうすると、テレビのチャンネルを変えたような感じになるわけです。そのあたりの順番は工夫する必要があります。

私の場合は、一冊読み終わったら間を置かずに、「はい、次」という感じで読んでいました。子どもたちは「おお」と楽しそうに聞いていて、すべて読み終わると「ああ、面白かった」と満足そうでした。それだけ集中して聞くためには二十分から三十分が限界で、四十分、五十分はちょっと難しい感じがします。

読み聞かせの心得② 子どもに感想は求めない

お父さんなどは絵本を読むと「どうだった？」と子どもに感想を聞こうとします。でも、それは余計なことです。私は主人が子どもに感想を言わせようとすると止めていました。子どもも、絵本のあとに感想を求められると思ったら聞くのが嫌になります。

もし何か言いたいのであれば、お父さんが自分の感想を言ってください。

それも、「ああ、これ、悲しい話だな」ぐらいで短く終わらせるのがコツです。長々と演説をするのはダメなのです。お父さんは子どもに学ばせようとするのですが、それは必要ありません。「これは泣けるな」ぐらいの感想を言って、「はい、次は面白いぞ」と言って次の絵本に行く。それを読み終わったら、「これは笑えたな」みたいな感じで十分です。

読み聞かせは、子どもをわくわくさせなくてはいけません。いちいち感想を求めると、わくわく感が消えてしまいますから、せっかくの読み聞かせが台無しになってしまいます。

不思議なのですが、子どもは同じ本を何回も読んでいるのに、結構毎回わくわくして聞いています。何回も読んでいるからあらすじも結末もわかっているのに目がわくわくしているのがわかります。大人だと一度読むと二度目を読むことはほとんどないでしょう。でも、子どもは何回もわくわくできるのです。それが子どものすごさであり、非効率の塊であるゆえんです。

彼らはどんどん細胞分裂しているので、二歳で読んだときと三歳で読んだときでは中身が違う人間になっているからかもしれません。だから、何回も同じ本を読んでも飽きないし、受け取り方も違うのでしょう。

読み聞かせの心得③ 〝間〟を大事にする

お母さん方から「どのくらいの速さで読むのがいいのかがわからない」とよく聞かれます。お母さんは基本は自分が読みたいように読めばいいと思いますが、子どもがそのテンポで聞きたいかどうかは常に気にする必要があります。

基本的に子どもには飽きっぽいところがありますから、読むテンポは大事です。たとえば、二歳と六歳では成長具合も違いますので、それぞれ目の前にいる子どもの顔を見ながら、飽きないようにテンポよく読むことです。

私も読み方は工夫しました。声色を変えたり、大きな声で読んだり、ゆっくり読んだりしていました。とくに大事だと思ったのは、〝間〟です。機械的にページをめくるのではなく、ゆっくりめくってみたり、ここぞという場面では一瞬息を吸って間を置くようにしました。すると、子どもは「何、何、何？」と身を乗り出してきます。

落語家の桂吉弥さんとラジオでご一緒したことがあります。そのときに私は「絵本は親が読みたいように読んであげるのではなくて、子どもが聞きたいように読んであげることが大事です」と話しました。そうしたら桂吉弥さんは「あ、落語と一緒ですね。これは弟子にも聞かせよう」とおっしゃっていました。

確かに落語でも間が大事だといいます。人を引きつけるとか感動させるのは、落語も絵本の読み聞かせも同じで、自分の話したいように話すのではなくて、間をとりながら相手が聞きたいように話すことが大切です。そこを意識して読むと、子どもはニコニコと笑顔になったり感動してくれるのです。

読み聞かせの心得④ お母さんの読むスキルを上げる

私が小学六年生のとき、小学一年生の紙芝居読み係になりました。同級生と二人で一年生の教室へ行って紙芝居を読みました。最初はみんな目をランランと輝かせて聴いてくれるのですが、読んでいるうちにだんだんダレてくるのがわかりました。たぶん読み方が下手だったのでしょう。小さな子は正直ですから、キョロキョロし始めて全然話を聞いてくれませんでした。物語がいくら面白くても、読み方が悪かったら子どもたちは聞いてくれないのだと後になって気がつきました。あのときの体験が私は長い間忘れられませんでした。

子どもたちは義務では聞いてくれません。ママが読んでいるから聞いてあげようということはないのです。面白くなければ聞かない。とても正直なのです。だから、お母さんも、読むスキルを上げなくてはいけません。

よくお母さん方が「読んでも聞いてくれないんです。読んでいる途中で隣の部屋に遊びに行くとか言って……。どうしたらいいですか？」と質問されます。私は「その日のノルマとして読むときには、お子さんが遊びに行った隣の部屋までお母さんがついていって読んだらいいと思います」と答えています。私自身、そうしていました。

また、お母さんが忙しくて、絵本を読んでいても気もそぞろになっているとしたら、読むのをやめたほうがいいでしょう。まずお母さんが楽しいと思わないと、子どもは楽しくないからです。

ご飯でもお母さんが「おいしいよ」と言って出さないと子どもは食べません。「体にいいから食べなさい」と言っても絶対に食べてくれません。だから絵本も「面白いよ」と言って読まなくてはいけないのです。「これはためになるよ」とか「点数につながるよ」では、子どもは聞いてくれないのです。子どもにとっては楽しさが一番です。読み聞かせをしようとしても、楽しくないとなかなか続きません。

お母さんの読むスキルが上がると、後になって役立ちます。子どもが塾に行くようになって、国語がわからないというときに応用できるのです。私自身が実践していたのは、国語の問題文を読んであげることです。問題文に取り上げられる小説やエッセイなども、間を大事にして読むと質問を理解しやすくなります。ニュースを読むように無感情で読むのではなく、間をあけたり声に抑揚をつけて、絵本を読むような調子で読んであげると内容が理解しやすくなるのです。

これは、絵本の読み聞かせによって子どもが読解力を身につけていたということですが、それを引き出したのはお母さんの絵本を読むスキルです。読み方一つで子どもの読解力を上げることができるわけです。

読み聞かせの心得⑤

子どもの「ウケ」をねらう

間をとるというのは読み方の技術と言っていいでしょう。お母さんは文字は知っていくわけですから読むことはできます。でも、絵本の読み聞かせは、書いてある文字を正しく読めばいいというものではありません。ページのめくり方も「はい次、はい次」とめくればいいわけではないのです。

では、どうすればいいかというと、子どもの様子を見て「ウケねらい」でやってください。子どもの性格は一人ひとり違うので、ウケるポイントも違います。それをよく観察して、ウケるように読んであげるのが一番いい方法だと思います。

ウケるというのは、子どもの感受性に響いているということです。私は、子どもを喜ばせたり感動させて心を動かすような子育てがいいなと思いました。子どもが喜んでいる顔を見ると、「次はどうやってウケさせようかな」「こんなことをやってみよう」と前向きになります。前向きになると、同じ本を一か月後に読むときに、「あそこはもっと大きな声で読んでみよう」「小さな字で書いてあるところはささやくように読もう」と工夫をするようになります。それでよりウケたりすると、親も楽しくなります。それが大事なのです。

私は通算すると二十六年間子育てをしてきましたが、どうすれば子どもにウケるかをいつも考えていました。絵本も子どもが喜ぶように読みましたし、動物園に行ってくまを見たら、「ほら、あの絵本のくまさんだよ」と読んだ絵本と結びつけて声をかけました。すると子どもは喜ぶのです。童謡の歌詞にカラスウリが出てきたときは、本物を見せて子どもと一緒にその赤さに大騒ぎでした。

子どもというのは「おおっ」と思うことが多いほうが豊かに育つような気がします。だから、絵本を読んだらなるべく本物を見せるようにしていたのです。

読み聞かせの心得⑥

絵本と現実を結びつける

私が子どものころの日本の夏には、入道雲が出て、それが一気に真っ黒な雲に変わり、雨が降って涼しくなる、というのが定番でした。あのころは気温が三十二度ぐらいでも、ものすごく暑く感じたように思います。最近の夏とはずいぶん風情が違っていました。

入道雲やうろこ雲は見ていても楽しいし、素人でも見分けがつきます。だから私は子どもを育てるときに、夏になったら入道雲を意識させてあげたいなと思いました。ところが、長男が生まれた一九九一年、奈良には入道雲が見られませんでした。「入道雲を見ないな」と思っていたら、新聞にも最近の日本では入道雲が見られなくなっているという記事が載りました。地球温暖化の影響だと書かれていました。私はとうとうこんなことになったのかと暗澹《あんたん》たる気持ちになりました。

そのときに「これから子どもは永遠に入道雲が見られないかもしれない。でも、夏の風物詩として、どうしても知らせておきたい」と思い、すぐに『にゅうどうぐも』（野坂勇作・作・絵／福音館書店）という絵本を買いました。

そこには入道雲ができる流れが書いてあったのです。その絵本を読みながら、長男に入道雲について説明したことを覚えています。

結局、長男が小学校に入るぐらいのころになると、また入道雲が出るようになりました。それどころか、入道雲が出た後にバケツの底が抜けたようなスコールが連日のように発生する気候になったのです。やはり、入道雲も本物の迫力は格別です。雲はたちまちのうちに形を変えてしまいますから、いつも、空の様子は見上げて子どもとお話しするといいですね。

野菜にしても、絵本ににんじん・だいこん・じゃがいも・ごぼうとかが出てきたら、実物を見せて触らせました。なるべくリアルなものと結びつけられるように、絵本も意図的に選ぶようにしました。そのときは受験のことは全く考えていなかったのですが、そうやって絵本で見ていたものが小学四、五年生の理科の授業と結びついて、学習面でも結構役立ちました。学校から帰ってきて「これはママが言っていたことだよね」と子どもが言うことがよくありました。

知識というのは、絵本で見たり、図鑑で見たり、写真を見たり、本物を見たり、それからテキストやテストなどで見たりすることによって、次第に層を成して複雑で豊かなものになっていきます。本物の知識を身につけると、それについて本人の言葉で語れるようになります。その基本が絵本にあると私は考えています。

読み聞かせの心得⑦
繰り返し読む間隔は子どもの様子を見て

子どもが同じ本を「もう一回、もう一回」と何度も読んでくれるように言ってくることがあります。そういうときは、子どもが飽きるまで読んであげるといいと思います。ただし、それが続くとさすがに読む親も飽きてきますが、そこは工夫して楽しく乗り切ってほしいですね。

私は家に二、三百冊の絵本を買っておいていたので、なるべくマンネリ化しないようにその日に読む本のジャンルを考えていました。同じ本も、内容によって読む日数の間隔も変えたし、その本をできるだけ面白く感じるようにあらゆる工夫をしたわけです。

このような考え方は食事作りにも似ています。夏休みになると、お母さんは朝昼晩と子どもにご飯を食べさせなければなりません。給食もありませんし、みんな「お腹が空いた」と大騒ぎしますからすぐに作らないわけにもいきません。

料理の何が面倒くさいかというと、メニューを考えることです。毎回メニューを考えて、家にあるもので作るのが面倒なのです。そこで私は、朝は朝食用のメニューを三十個考えて、昼はあるもので済まし、晩ご飯用のメニューも三十個考えることにしました。一か月分を想定して、これぐらいあったら大丈夫かなと思って三十という数にしたわけです。

三十個というと、「ええ？　そんなに」と思うかもしれません。でも、たとえば朝食用のおにぎりだと具を変えるだけで五種類ぐらいできます。それで五日間と考えれば、それほど大変ではありません。ホットケーキとかトーストも、イチゴジャムを塗ったものとマーマレードを塗ったもので二種類と数えますし、ピザトーストも載せる具をトマトとベーコンにしたり野菜にしたり変えていくと三種類ぐらいはできます。卵も目玉焼き、スクランブルエッグ、卵焼きとで三種類になるというふうに数えていけば、三十種類ぐらいは思い浮かびます。夜もクリームシチューにビーフシチューにカレーにと、大したものを作らなくても三十種類はできるのです。中に季節の野菜を入れるようなこともよくしました。

ただし、いくら好物でも、ある程度間を置かないと子どもは喜びません。たとえば、子どもたちはハンバーグが大好きですが、十日ぐらい経ってひき肉が安かったから買ってきてハンバーグを作って出したら「ええ？　またハンバーグ？」という顔をしました。こちらとしては「いいじゃない、好きなんだから」と思うのですが、十日では早すぎるようでした。これを三十日あけると、「おおっ」と嬉しそうな顔をするのです。どうせなら、「また？」と言われるより「おおっ」と言ってほしい。だから、日替わりにできるようにメニューを三十個にしたのです。子どもは、どうやら一か月で前のメニューのことは忘れるらしいと気がつきました。

この三十日ローテーションの唯一の例外がカレーです。カレーだけは十日後でも喜びます。だからカレーだけは三十日の中に三回ぐらい入れても大丈夫でした。カレーは本当に偉大です。

この三十日というのは、食事作りの基本として意識していました。絵本と同じで、なんでも親がやりたいようにやるのではなくて、子どもが喜ぶようにやることが大事なのです。食べるものに関しては、三十日あけるのがコツだと思って、三十日のローテーションをつくっていたわけです。

絵本の選択も似たような感じはありますね。同じテイストのものが続くと子どもはやはり興味を持たないですね。

子どもの性格や好みを大切に、月に一回読むものと月に二、三回と読むものを見極めておくことも大事です。「また？」と言わせない工夫をして読んであげてください。

読み聞かせの心得⑧ 年齢は意識しすぎない

本というのは年齢によって受け止め方が全く違います。私が子どもたちによく言っていたのは「今のあなたたちの年齢で、その年齢なりにたくさん感動することが大事なのよ」ということでした。

私は二十歳ぐらいのときに太宰治の本を愛読していました。かなり彼の考え方には共感していたのです。太宰治は三十八歳で心中して死んでいますが、その年齢に私自身がなってみたら「三十八にもなって女の人を丸め込んで巻き添えにして死ぬなんて、あの男、だらしないだけじゃない。なんで感動したんだろう」と思ってしまったのは自分でも驚きでした。

トルストイの『アンナ・カレーニナ』を二十歳ぐらいで読んだときにも、政府高官の旦那さんと愛のない結婚をしたアンナが子どもを置いて愛する貴族と一緒に逃げてしまうのを見て「結婚はやっぱり愛情が大切ね」と感動したのですが、今は「子どもがいるのに若い男のところに行くなんて何を考えてるの?」と思ってアンナを批判的に見てしまいますね。

そんなことを子どもたちには時々話していました。人は年齢とともに考え方が変わるのだと伝えたかったのです。それと、若く経験の浅いときに感動することも大切なことなのだということも感じてほしかったのです。絵本も「この本は何歳の子に合っている」ということは意識しすぎる必要はないと思います。ただし、一人っ子であれば、二歳の子に六年生レベルの本を読んでも楽しくはないので、そこはある程度年齢に見合ったものを選んであげることも必要です。

読み聞かせの心得⑨
「せっかく」という言葉は禁句

「絵本を読んでいるときに子どもが集中しないでどこかへ行ってしまうので読む気がなくなってしまう」というお母さんがおられます。わが家の場合は、「絵本を読むよ」と言うと、みんな集まってきましたが、そのうちに一人がおもちゃの部屋に行って遊びを始めることがありましたが、私はそれを全く気にしませんでした。三歳までに一万冊を読むという計画を立てていたので、とりあえず冊数を稼ぐことに集中していたからです。読み聞かせの途中でみんながおもちゃの部屋へ行って遊び始めたら、こちらから絵本を持っていって読んでいました。

ただ、そのときに「ママがせっかく読んでいるんだから聞きなさいよ」とは絶対に言いませんでした。子どもに対して「せっかく」という言葉は禁句です。これは勉強も同じで「ママがせっかくノートをつくったのに」「せっかく参考書を買ってきたのに」と言うのは、親のした努力の押しつけは絶対にダメなのです。

ついつい親は「せっかく」と言ってしまいますが、それは親が「こうしたい」と思うことを押しつけているだけなのです。親から「せっかく」と言われた子どもは「押しつけるなよ」という気分になります。その結果、大きくなったときに「頼んで生まれたわけじゃないよ」と反発するようになるわけです。子育てで「せっかく」という考え方は捨てなければいけません。

どういう結果になっても、親は「やった」という事実に自分で満足すればいいだけです。絵本であれば、子どもが聞いていてもいなくても自分が「読んだ」ことに満足することです。成果は出ることもあれば出ないこともあります。だから、「せっかく」とは思わないことです。そもそも、親が子どものために「せっかく」何かをすることは当たり前のことですから。

読み聞かせの心得⑩（ルールはつくらない）

読み聞かせをするときに、「ママが読み終わるまでちゃんと集中して聞くというルールをつくったほうがいいでしょうか」という質問を受けたことがあります。私は、そういうルールはつくる必要はないと思います。ルールをつくれば、それを破るのが子どもです。落ち着かない子に「集中すること」というルールをつくったところでうまくいくわけがありません。さらに子どもがルールを破れば、今度は親子で喧嘩《けんか》することになります。だからこそ、ルールをつくってはいけないのです。

それに、子どもは日々成長するので、今日つくった決まりごとが明日には役に立たないという場合もよくあります。

長男が生まれたとき、まだ母親として未熟な私は子育てについて何もわからない状態でした。生まれた後、「子どもってよく寝るんだな。こんなに寝てばかりなら、その間に何か自分のことができるな」と思いました。そこで、紙と鉛筆を持ってきて一日のどの時間に何時間ぐらい子どもが寝るかをメモしておいて、寝ている時間にすることを書き出してスケジュール表をつくりました。

できあがったスケジュール表を見ながら、私は「子育てが終わるまでこれで行くぞ」と満足していました。ところが、子どもはどんどん大きくなるし、それにつれて生活のサイクルが変化してきて、せっかくつくったスケジュール表はすぐに役に立たなくなりました。そのとき、子育ては出たとこ勝負でいくしかないと思いました。そして、「予定を立ててもその通りにはならないのだから、とりあえず今日一日良かったら満足しよう。今日一日無事だったらよしとすることにしよう」と決めたのです。

明日はまた子どもが成長して状況が違ってくるので、あらかじめ「こうしよう」と考えてもあまり意味がないのです。

読み聞かせの心得⑪

子どもの成長を見て楽しむ

大人は年老いていくだけですが、子どもは細胞分裂してどんどん成長して大きくなります。子どもが生まれたとき、赤ちゃん用の体重計で量ると日々大きくなるのがわかりました。大人ではありえないことですから、すごく不思議な感覚でした。「細胞分裂しているんだわ」と実感しましたね。そのとき、脳も同じように大きくなっているのだと考えたら、この時期を逃してはもったいないと思うようになりました。それで始めたのが絵本の読み聞かせなのです。

親も毎日、「今日は何をしようかな」と考えるのは疲れます。食事やお風呂も大変ですが、何よりも子どもを遊ばせるのが大変です。子どもは家の中を縦横無尽に走り回ったり、雨がザーザー降っているのに「公園に行く」と言い出したりします。

そんなとき、「今日はたくさん本を読もうね」と言って絵本を読むことにしていました。子どもも面白いから話を聞きますし、私も座って読めるからラクなのです。

子どもが次々に生まれてきたので、次第に動こうにも動けなくなりました。小さい赤ちゃんがいると公園に行くこともできません。上の子たちは外に出たがりましたが、「絵本を読もう」と、子どもを引きとめるためにとりあえず絵本を読んでいました。寒いとき暑いときも子どもを外に出すのは大変なので、困ったときには絵本という生活でした。

私も人生でこのときほど絵本を読んだことはありませんし、同じ絵本を繰り返し繰り返し読んだりもしましたが、子どもの反応を見るのが楽しかったのです。同じ絵本を読んでも、一歳のときの反応と三歳のときの反応は違います。最初は「ふーん」と言っていた子が三歳になると体を乗り出すようにして聞いていました。そんな様子を見て、子どもの成長を楽しんでいたのです。絵本を通じて子どもの成長を感じるのは実に楽しいことでした。

読み聞かせの心得⑫

男の子と女の子の違いを知る

私は名作の絵本を教養として読んであげたいと思って、『シンデレラ』『白雪姫』『親指姫』などもそろえました。でも、読み始めると男の子は全く興味を示さず、すぐにぴゅーっと向こうへ行ってしまいました。「ちょっと待って。これは有名なお話だから一回読ませて」と追いかけていって読みましたが、「へえ」というような顔をして興味はなさそうでした。当然、「もう一度読んで」というリクエストもありません。

ところが、娘が二歳ぐらいのときに読んであげると、すぐに興味を示したのです。女の子はいつの時代も王子様が大好きなのだと感心しました。自分がお姫様になった気分で聞いているのは古今東西共通なのですね。『白雪姫』は読み終わるとすぐに「もう一回」と言ってきました。それで最初から読もうとすると、「王子様が出てきたところからでいい」と言うのです。何も教えていないのにわかるんだなあ、と不思議でした。

このとき『白雪姫』は十回ぐらい連続で読みました。息子たち三人は見向きもしなかったのに、生まれたときから女の子はそういう感じだったので、「男の子と女の子ではこんなに違うんだ」と驚きました。ただ、男の子でも、お姫様ものが好きな子もいますから、それは興味を優先してあげてほしいと思います。

私は専業主婦でしたが、娘たちが大人になった今は女性が仕事を持って社会で活躍する世の中になっています。今は多様性を受け入れる社会でもありますから、子どもたちがそれぞれ一番幸せに感じるように生きていってほしいと思います。そのような子どもたちを大人は温かい目で見守ることが大事なのですね。

読み聞かせの心得⑬

シリーズや関連作品を読む

私は同じ作家や画家の絵本をシリーズで買うことがよくありました。大学で英文学を専攻していたころから、一人の作家の作品を読んで気に入ると同じ作家の本を次々に読んでいました。そのときは先生から言われて読んでいただけですが、子どもに読み聞かせをしていると、関連性のある絵本を読んでいくことで作家や作品について深く理解できるようになることに気づきました。子どもたちも作品の雰囲気がわかってくるようで、「ああ、これはあの人の絵だな」「あの人の文章だな」と気づくようになりました。その意味で、シリーズで読むというのは大事なのです。

作家や画家がつながってくると、この作家は何を言いたいのか、この絵本のポイントはどこにあるかということがわかるようになります。結果として、読解力が伸びることになります。

ただし、読解力の向上は目的ではなく、あくまでも結果です。だから私は、この絵本を見せたらこんなふうに伸びるだろうとは考えず、子どもが楽しめたらいいなという気持ちで、子どもたちの好きな作家や画家に関連する絵本を買っていきました。

また、一つのテーマでも複数の絵本を読み比べてみると「この話は深いんだな」ということが子どもにもわかってきます。たとえば『桃太郎』でも切り口は本によって違いますから、いろいろな桃太郎に触れることによって

『桃太郎』というお話を多角的に見ることができるようになります。

テーマのつながりやシリーズで読むと、一冊ずつ別のものを読むよりも子どもたちの好みがよくわかります。絵本に出てくるキャラクターにも親しみを持つと、自分の好きなキャラクターと友達になったような感じになります。主人公の全体像もつかめますから、子どもの心にも残りやすいのです。

第四章

読み聞かせ 10の効能

疑似体験ができる

絵本に出てくる主人公は、人でも動物でも非常にシンプルです。嬉しいと笑うし、悲しいと泣くというように、子どもと全く同じです。くまでも、きつねでも、うさぎでも、子どもそのものだから、絵本を読んでいると子どもには動物たちの感情がよくわかるようです。

たとえば、『ロージーのおさんぽ』に出てくるきつねは、後ろからロージーを狙って失敗ばかりしますが、決して諦めません。子どもたちは、きつねがドジを踏むのを同情したり、かわいく思ったりしながら聞いていますね。きつねの立場に立ったり、めんどりのロージーの立場に立ったりと、いろいろな楽しみ方をするのは見ていて面白いです。

子どもは基本的に家にいることが多いし、体験できることにも限りがあります。だから、絵本の中で人間関係のぶつかり合いのようなものを疑似体験しておくことは大事だと思います。幼稚園に入れば否応《いやおう》なく社会的な関係の中に放り込まれて、さまざまな体験をすることになります。それを絵本の中であらかじめ学んでおくことができます。

子どもが「人と仲良くしなくてはいけない」という気持ちを学ぶには、お母さんが絵本を楽しく読んで、楽しく身につけるのが一番です。人から説明されるより、自分で感じ取ったものが一番身につきます。だからこそ、良い絵本をシリーズで読んであげて、より感じ取る機会を増やしてほしいのです。絵本を読んでマイナスになることは何もありません。だから、ひたすら読んであげてほしいと思います。

読み聞かせの効能②

時事問題を学べる

ここ数年間、コロナ禍《か》で大変な世の中でした。ウクライナとロシアの戦争も始まって、世の中が激しく動いています。戦争の影響で物価も急に上がっています。

遠くで戦争をしていても、今までは「違う国で戦争をしているな」で終わりでしたが、物価高になって直接自分の生活に影響が出てくると、地球がつながっているということに改めて気がつきます。戦争をしてもいいことなんか何もないねという話をすることは、子どもが時事問題を考えるうえですごく大事です。

センター試験が共通テストに変わりましたが、時事問題がどんどん出題されています。社会科は当然ですが、数学、国語、英語、物理、化学といった教科でも時事問題が出ています。数学ではＳＤＧｓに関するデータが問題文に出ました。ＳＤＧｓについて詳しく知らなくても問題は解けますが、テスト中に知らない時事用語が出たら「はっ」と緊張しますから、やはり知っておくほうが問題を解くのにスムーズに入っていけます。コロナに関する話も、すでにあちこちの中学入試で出ています。

うちの子どもたちが中学受験をした十数年前は、地球環境サミットと世界遺産をチェックしておけばよかったのですが、今はウクライナやＳＤＧｓやコロナとチェックする範囲が広くなっています。地球環境もいっそう悪くなっているので、そのへんも押さえなくてはいけません。

時事問題の知識は、テストに出るだけでなく、子どもたちが未来を生きていくために非常に大切な事項になります。八十年近く前の日本はまさに戦争をしていたわけですが、過去のことを知っておくことは未来に生きていく知恵になります。
私は八月になると『ちいちゃんのかげおくり』や『そして、トンキーもしんだ』を意識的に読んで、戦争について子どもたちと一緒に考えることにしています。絵本を使って時事的な問題について学んでいくことも大事なことだと思います。

読み聞かせの効能③

読解力が身につく

一枚の紙は薄いけれど、積み重ねていくと分厚くなります。絵本の読み聞かせとは、そのようなものです。たくさん読んであげるほど読解力が高まっていきます。それが子どもの財産になります。私も一人につき一万冊を読みましたが、薄い紙を一万枚積み上げたら結構な厚さになるでしょう。そうなれば自然と読解力が身についてきます。

これは積み重ねるところに意味があって、まとめて百冊読んでも心に入らないし、身にもつきません。毎日読んだものがたまっていって、心の中に層ができるのです。

人間は文字に書かれているものだけでなくて、書かれていない行間をいかに理解するか、それが心の琴線に触れるかどうかが大事です。字のない行間を読んで感動すること、それも読解力の一つです。

読解力は本を読むときだけではなくて、人の話を聞いて理解するためにも必要です。人間は悲しいときに泣いて、楽しいときは笑うだけかと思いがちですが、面白かったときも泣いたり、悲しいけれどちょっと笑ってつらさに耐えるようなこともあります。悲しいから泣く、楽しいから笑う、だけではないのです。人間はそんなに単純な生き物ではなく、人間の感情の複雑さ、多面性などの理解は、読解力には必須です。

人間社会には、文章の字面を読んだだけではわからないことがたくさんあります。絵本を読んでいると、主人公が悲しさをごまかすために笑ったりする場面がたびたび出てきます。絵で見ると、「この子は悲しいのににっこり笑ってごまかして悲しさを見せないんだな」ということが説明しなくてもわかります。絵の中の主人公の表情と文章を比べながら読むことができるので、絵本は感情の動きを理解しやすいのです。

絵本は文章自体が少ないから絵が行間の意味を説明してくれます。いちいち説明しなくても絵を見ればいいのですから、子どもにとっては行間を読むいい練習になります。行間を読むのはなかなかの練習がいるので、一回や二回読めば身につくものではなく、何十回、何百回と繰り返してやっと身につくものです。回数をこなすほど読解力は磨かれていきますから、絵本をたくさん読むことが最も効果的なのです。

読み聞かせの効能④
愛着形成ができる

読み聞かせは馴染みのあるお母さんの声で読むことが一番なのですが、お母さんばかりではなくて、お父さんもぜひ読んであげてほしいと思います。

お父さんにとってもいい思い出になるので、主人も子どもに読んだ絵本を見ると、当時のことを思い出して懐かしく思うと言っています。絵本を介して親子で共通の思い出をつくれるのはいいことですね。これは読み聞かせの効能の一つと言えるでしょう。せっかく一緒に生きてきたのに、ご飯を食べてお風呂に入ったぐらいの思い出ではもったいないですよね。思い出づくりというと一緒に旅行や遊園地に行くようなことを思いますが、それらは毎日いつもできるわけではありません。でも、絵本であれば、毎日何冊も読んであげて、楽しい思い出をつくることができます。

それに絵本の中には違う国の話も出てくるので、知らない国に旅をした感じにもなりますし、よその国の文化を味わうこともできます。実際にタイやシンガポールの絵本を見ると洋服も食べ物も違うので、子どもたちは興味深そうに見ていました。それが親子の共通体験になるのです。

子どもはやがて大人になりますし、大人になれば親から離れていきます。でも、離れても気持ちがつながっているのは、親子にどれだけ共通の思い出があるかによると思います。一緒に住んでいるだけではたくさんの思い出はつくれませんが、絵本を読んで家族全員で大笑いすれば、それで大切な思い出が増えることになります。

自分勝手でいいかげんなねこたちが出てくる『11ぴきのねこ』を読んだときは、子どもたちも「この連中、勝手やな」と言って何回も大笑いしました。そのときのことを今でも折に触れて親子で思い出すこともあります。そういいう日々の思い出をたくさんつくってほしいと思います。絵本を読んで面白かった、楽しかった、かわいかったという小さな思い出をたくさんつくると、それが大きな幸せにつながっていくのです。

愛着形成のためには、お母さんは子どもにたくさん話しかけるのがいいといわれています。でも、お母さんは忙しいので、いちいち話しかけている暇がありません。それに、日常生活でかける言葉はたかが知れています。「早く食べなさい」とか「早くお風呂入ろう」とか、時には「急ぎなさい！」「何してるの！」と怒ったりもしますが、そういう言葉をかけても親子の間には何も生まれないのです。

でも、絵本があれば、絵本の言葉と絵の力を借りて忙しい日々の子育て中でも、親子同士の心の交流ができるのです。

わが家の場合、下の子が小さいときに読み聞かせをしていたら、上の子も「それ、知ってる」と言って一緒に聞いていました。きょうだいで同じ本を何度も読むと、それが共通体験になります。子どもたちは今でも絵本の話が出ると、「あの絵本はこうだったよね」「ああ、読んだ、読んだ」みたいにノッてきます。そういう共通の体験を持っていることは子どもたちの様子を見ていると本当に大事だと思います。きょうだいのいない一人っ子でも、お母さんが読んであげると、お母さんと子どもの共通体験ができます。

子どもが二十歳、三十歳となったときに、「あの絵本は面白かったね」という共通の思い出があるのはいいことなのです。遊びに行った思い出も楽しいのですが、絵本は日々の生活に入り込んでくるものなので、細かな思い出がたくさんできます。「あの絵本を読んだとき、ママ、泣いてたよね」「あの絵本の豚の色はこんなだった」というように親子の小さな思い出がたくさんつくれます。しかも、そんな思い出が家にいながらにしてつくれるのです。大きな思い出も大切ですが、人生は小さな小さな思い出がたくさん詰まっていることも大切なのです。

親としては、ディズニーランドに行ったり、海外旅行に行ったりした大きな幸せのほうを優先しがちですが、そこまで頻繁に行くこともできないわけです。そういう大きな幸せも確かに楽しいのですが、豊かな人生を築いていくためには泡のように小さな幸せがいっぱい必要なのだと私は子育てをしながら感じました。ママが読んで、子どもが聞いて、二人で楽しかったね、という小さな幸せをたくさんつくるために、絵本や童謡が大きな力を発揮してくれると思うのです。

ディズニーランドと比べたら、本一冊の楽しみは小さなものかもしれませんが、絵本はいくらでも読めます。しかも、子どもの心に染みわたって長く残ります。絵本がつくる思い出は、一生涯、心を支えてくれるものだと私は思っています。

読み聞かせの効能⑤

思考力が育つ

下の娘が三歳になると、自分で絵本を読むようになりました。そのころ、上の子は塾に通い始めたので、私は塾のテキストを家で音読していました。そうしたら、みんな他のことをしながら耳で聞いている様子でした。それを見て、やはり声にすることは大事だなと思いました。

早く読もうと思ったら黙読でもいいのですが、声に出して読んで耳を鍛えると内容が定着しやすくなります。英語も文法から入って英文解釈に進むのが一般的とされますが、それで英会話ができるようになるわけではありません。英会話を身につけようと思えば、周りに英語を話す人たちばかりがいる環境に飛び込むことが一番です。日本にいて英文法をいくら勉強しても、会話は身につきません。やはり耳から入れることは、一番有効な方法だと思います。

思考力や読解力などの能力の開発も、経験的に耳からが一番効率がいいようです。常に声に出して読むのは大変ですが、それによって子どもの聞く力が鍛えられるのです。

耳に入った言葉や音をすぐに理解し、心に入って腹に落ちるというところまでいくためには、聞き慣れていなくてはいけません。絵本の読み聞かせは、耳から心に入って思考力や読解力につながる聴力を鍛える第一歩になるのです。

ボンヤリして聞いていたら、何を聞いても心には入ってきません。でも、耳を傾けて聞いていると、内容が感情に訴えかけてきて悲しくなったり嬉しくなったりします。そのように耳から入った音が心につながる感覚を何度も味わうことによって、思考力や読解力が向上していくのです。

これらの能力は大人になって相手の言い分を理解するために欠かせません。その初期の楽しい訓練として絵本の読み聞かせが役に立つのです。絵本に出てくる言葉はきれいだし、内容も嫌な感情が残りません。

振り返ってみても、絵本で子どもの耳を育てたのは正解だったなと思います。私がしたことは三歳までに一万冊の絵本を読むということだけですが、それだけで子どもたちは耳を傾けて聞くことが得意になりました。

読み聞かせの効能⑥

言語能力が高まる

読解力を高めるには、三歳児になるまでに、人の話を聞くのは面白い、絵を見るのは楽しい、字を見るのが面倒くさくないという子に育てておくことが大事です。そうすると、三歳児以降は自分で読んで字を覚えて楽しく読めるようになりますから、自然に読解力がついてきます。

一方で、三歳になると、「ママ、こんなことが書いてあるよ」と、いろいろ言ってくるようになります。たまにわけのわからない変なことを言ったりもしますが、そのときに子どもの意見を否定しないでください。私も「何を言ってるの？」と思ったことはよくありますが、それを口に出すと子どもは二度と聞いてこなくなります。

かつて私は、四人の子どもがあれこれ言ってくると、こちらも忙しいし、「何しょうもないこと言ってるの」という気持ちが表情に出ていました。そうすると、もう子どもは聞いてきません。それに気づいてからは、子どもが何を言ってきても、「へぇ、面白いね」と一言目に言うことにしました。

疲れていると、つい第一声で「ママ忙しいから、後にして」と言ってしまいますが、それはやめて「へえ、面白いね」に変えたのです。そうすると二言目からは落ち着いて子どもの話を聞けるのです。

子どもの言うことを否定せず、何を言っても「へえ、面白いね」と返すと、子どもは「うんうん」と嬉しそうな顔をします。だから、「面白いね」というセリフはおすすめです。

話をするときに、子どもに限らず、人間の口からは体の中にない言葉は絶対に出てきません。聞いたこともないし、理解もしていない言葉が出てくるわけはないのです。人間の口から出る言葉は、全部体の中に入り込んで自分のものにした言葉のみなのです。

子どもに絵本を読んでいろいろな言葉を耳から入れると、子どもは「ママ、それはこういうことだよね」と口から言葉を出しながら、頭の中で整理をしていきます。一回耳からインプットされた言葉は、口からアウトプットしないと身につかないのです。

子どもに絵本でたくさんの言葉をインプットして、それをアウトプットさせることによって少しずつ言語能力が向上していきます。だから子どもの話す言葉を否定せず、どんどん引き出してあげることが大事です。そのために「へえ、面白いね」と聞いてあげればいいのです。

小学校に入ると記述問題で行き詰まる子がたくさん出てきます。書くことは一番ハードルが高いのです。よくしゃべる子は、そのハードルを越えやすくなります。なぜならば、口から出る言葉をそのまま書けば文章になりますから、よく話す子は文章も書けるようになるわけです。

子どもに話をさせるためには、お母さんが聞き上手になることです。聞き上手になるための第一声が「へえ、面白いね」です。お母さんが興味を示すと、子どもはどんどん話をするようになります。時には演じることも大切なのです。お母さんは子どもの前では女優にならなくてはいけません。

子どもが通知表をもらって帰ってきたとき、私は第一声を「お疲れ様」に決めていました。「よく頑張ったね」もいいかもしれないと考えましたが、頑張っていないこともあるので嘘っぽいと思いました。頑張っても頑張っていなくても、「お疲れ様」なら問題ありません。全員に「お疲れ様」と言うのは、子どもたちは誰の成績が良かったか悪かったかわかりませんから、便利だと思いました。

成績がよかった子には「良かったね」、悪かった子には「もっと頑張りなさいよ」と言い方を変えると、子ども同士がそれぞれの成績のことを想像しますから、家の中の雰囲気が暗くなります。終わった結果にごちゃごちゃ言っても変わりませんし、子どもの成績を比較しないためにも、「お疲れ様」で統一したのです。

模試などで悪い点を取ると、親も思わず傷口に塩を塗り込めるようなことを言ってしまいがちですが、子どもはその言葉をいつまでも忘れません。それだけは避けなくてはいけません。だから、セリフを決めておいたほうがラクだし後々お互いに前向きになれるのです。「お疲れ様」で乗り切ると後々面倒なことにはなりません。

読み聞かせの効能⑦

円滑な親子関係が築ける

なんといっても相手は子どもです。大人同士ならディベートのようにして後腐れなく言い合えますが、子どもは母親からご飯を食べさせてもらって生きていますから（父親の場合もありますが）、母親から無視されたら生命の危機に瀕《ひん》します。そういう危機感を赤ちゃんのときから持っていますから、母親の言うことは聞かなければいけないと思っています（当然、これらは父親にもあてはまります）。

親の存在は子どもにとっては絶大です。それだけに相当の責任を持って言葉をかけ、育てなくてはいけません。その一方で、親は存在の大きさを子どもに感じさせないように寄り添わないといけません。そうしないと子どもが親に忖度《そんたく》するようになります。それは良くないことで、子どもには言いたいことを言わせて、それをすべて親が受け止めるという覚悟が大事ですね。「これは言いたいけど、言うのやめておこうかな」と子どもに思わせては、子どもは育ちません。とりあえず言いたいことがあれば言える子にしなくてはいけない。そのためには、親がなんでも言える雰囲気をつくらなくてはいけないのです。それが、子どもが円滑な人間関係を構築する基本になります。

そのためには、親は子どもから言われたことを受け止めなくてはなりません。忙しいからといって、子どもの気持ちが冷めるようなことを言わないように気をつける必要があります。その一番いい方法が、先に言った最初のセリフを決めておくことです。

子どもが親の顔色をうかがって生活するというのはかわいそうです。大人になれば、否が応でもいろいろな人の顔色をうかがわなくてならなくなります。だから、せめて子どものうちは、家の中でママに言いたいことを言って気分良く過ごさせてあげたい。そんな居心地のいい家庭にしたいと私は思っていました。私は、家はおいしくて温かくて安心して寝られる場所にしておきたいと思っていました。そういう場所でなければ、子どもはのんびりすることも安心して育つこともできないのです。

そんな場所にするために絵本が大いに役立ちます。親も絵本を読んでいる間は内容に入り込んでいますし、ウケようと思って読んでいると親も子どもも感動します。そんなに長い時間ではないですが、とても幸せないい時間になります。それに後々国語にも役立ちそうだなと思うと、親にとってもやりがいが出てきますよね。

言葉の多い親子になると何かと便利です。まず親子関係が密になります。子どもが小さなときは親のほうが知識が豊富ですから、世の中の情報を話したりすると、「ママってこういう考え方なのか」と理解してくれます。だから、今も子どもたちは「こういう話題にはママはこういう意見だよね」とだいたい私の性格や考え方がわかっていて、「ママはこう考えるかもしれないけれど、本当は違うよ」というようなことも言ってくれたりします。それは多くの言葉を交わしてきたからだと思います。

人間関係には、親子でも以心伝心ということはなく、やはりお互いに話し合わないと相手を理解できないのです。でも、話すきっかけがないと話したくても話せません。そんなときに絵本があれば、それを話題にして話すことができるのです。

読み聞かせの効能⑧

親も考え方のアップデートができる

親も子どもと一緒に育っていきます。親は自分が子どものときのことは忘れていますが、みんな自分の親から育てられたのです。私の母は自分の時代の考えで私を育ててくれましたから、その教えは私の中にも刷り込まれています。しかし、今は昔と時代が激変しています。母の時代に正しいとされていたことをそのまま私の子どもに受け渡せばいいわけではありません。私自身の考え方もアップデートしないといけないなと思うことが多々ありました。

そういうときに今の絵本を読むと、「あ、なるほどな」と思うことがあるのです。私が子どものとき母はこう言っていたけれど、それは今の子にはちょっと合わないかなと思うこともありました。そういうときには、自分の言いたいことをいったん絵本というフィルターに通して見直してみました。絵本には、その時代の真実が投影されているものが多いので、学ぶことが多いのです。それに照らし合わせて、伝えても大丈夫だと思ったものだけを伝えるようにしました。そうしないと、知らず知らず、今の時代に合わなくなっていることを間違って伝えてしまうことになりかねません。

私の母は祖母から受けた教育を多少なりとも引きずっているところがあるわけですから、ひょっとすると私の底辺には祖母の時代の考え方が残っているかもしれません。もちろん、良いこともたくさんありますが、明らかに時代に合わなくなっていることもありますので、変えるべきところは躊躇《ちゅうちょ》なく変えなくてはいけないとも思います。教わってきたことを検証せずに、そのまま娘や息子たちに伝えるのは、時代の考えにそぐわず問題がある場合が多いのです。それで、私は新聞などで最新の情報を仕入れて、自分の考え方をアップデートすることにしていました。

働き方にしても昔は終身雇用で一生同じ会社に勤めるのが当たり前でしたが、それも壊れています。インターネットの発達で、人間関係のつくり方も変わってきています。今の子どもたちはネットを介して話をすることに慣れているので、生身の人間を相手にすると何を話したらいいのかわからないような現象も起きています。

新しい絵本を読んでいると、今の子どもたちはこういう考え方をするのかという発見があります。今の子どもたちが何を考えているか、何を教えられているかを絵本から十分学ぶことができます。そういうアップデートは怠らず続けなくてはいけないなと感じます。

読み聞かせの効能⑨

五感が磨かれる

今はYouTube《ユーチューブ》などの動画サイトが次々に生まれています。私はこれらを子どもに安易に与えないほうがいいと思っています。「勉強系のものもあるという意見もありますが、それも単なる娯楽に陥りがちで、結局は子どもには良くない影響を与えるものを長時間見てしまう、ということになってしまいます。

受け身の学びは、ラクですが一方的に受け取るだけなので人間は自ら苦労して考えなくなります。人間が字を読んで理解し、その内容を味わって身につけるまでには、意外と高いハードルがあります。そのハードルを越す努力をせずに、手軽に面白く見られるYouTubeばかりを与えると、子どもは努力することを避けるクセがつきます。YouTubeは、手元のデバイスで気楽にすぐ見られる分、テレビより扱いがやっかいなのです。

ここ数年はコロナ禍で家にいる時間が増えたせいでIT機器の活用が進むようになりました。学校にもタブレットが入り込んできています。絵本もタブレットで読めるようになってきましたが、本当にそれで大丈夫なのでしょうか？

人間は他の動物と比べて手が発達していますから、脳も発達して高度な思考が可能になったわけです。小さなときから、指先や手触りの感覚を発達させることは大切なのです。

絵本は、大きさも形もいろいろあって、表紙やページを触ると、ツルツルした手触りのものもあるし、ザラザラしたものもあります。それをめくりながら感じることが大切なのです。タブレットだと、どんな本でも同じ大きさで、ツルツルした手触りしか残りません。大人が、タブレットでいろいろな本を読むのとは意味合いがそもそも違います。本から情報を収集する大人と、絵本で感性を育てなければならない子どもにおいては考え方を変えることが必要でしょう。

紙の本であれば、前のページはどんなだったかなとページをめくって確かめることもできます。このめくる感覚が大事なのです。タブレットだとめくらずにスクロールしますが、何ページも前の内容を見ようとすると面倒なので見ないということになりがちです。そういう意味では、紙の絵本はめくりやすく、途中の絵も思わず見えたりします。それが、子どもの感受性に大きく関係するのは間違いありません。

以前、新聞の投書欄に「棚に絵本をきれいに並べたいから同じ大きさにしてほしい」と書いている人がいました。大きさが同じならば整理するのはラクでしょうが、それでは絵本の魅力が失われてしまいますね。手で持ったり触ったりして、大きかったり小さかったり、分厚かったり薄かったりするのが、絵本と大人の本の大きな違いなのです。インテリアとしての見映えとか片付けやすさとか、大人の都合は二の次でいいのではないでしょうか。

これから、豊かな情操教育をしなければならない子どもは、まず五感を育てることを優先するべきなのです。そのためには、手で持って重さを感じたり、触って感触や厚さを知ることが欠かせないのです。タブレットだと、どんな本でもタブレットの重さだけしかわかりませんから記憶にも残りにくいのです。

触感という感覚を大事にしてこその人間の成長なので、電子書籍も子どもにはおすすめできません。便利ですが、便利さを有効利用できるのは大人だけです。

私は子どもたちを十八歳になるまではできるだけアナログで育てました。アナログで育てた人間は、デジタルを使うことができますが、デジタルだけで育つとアナログが使えなくなるのです。やはり、簡単で便利なデジタルに偏りがちですが、アナログが全くいらないかというと、実はそんなことはなく大人もアナログを使いこなす能力が今まで以上に必要なのです。否応なくアナログにせざるを得ないことが、まだまだたくさんあるのです。まずは、小さなときはアナログでしっかり育てて、大人になってデジタルと便利に使いこなす、というのが理想ですね。

そもそもタブレットは充電が切れれば使えなくなるので、そういう状況に置かれたらお手上げです。もちろん紙の本も暗闇では読めませんが、昼間であれば明かりがなくても読めます。

科学技術の発展は目まぐるしいものがありますが、人間という生き物そのものはそれほど変わっていません。だから、どれほど便利な時代になったとしても、相変わらず原始的な感覚は必要だと思います。とくに子どもは大人よりも原始的なので、その感覚を大事にしてあげてほしいのです。

子どもを立派な人間に育て上げるには、昔ながらのアナログ感覚を大事にして、五感を磨き上げることが欠かせないと私は信じています。タブレットを使うのは、アナログで五感を磨いた十八歳以降でも遅くないと思っています。

読み聞かせの効能⑩

人生を支える感動に出合える

タブレットに頼りすぎると読解力は確実に落ちます。タブレットで見ると、読み物も情報化してしまいます。ヤフーニュースをスマホで見るのと同じレベルです。絵本を情報として見ると、「あの絵本はこんな色づかいで、こんな字が書いてあった」といった表層的な捉え方で終わってしまう危険性があります。

私は絵本をたくさん読んでたくさん感動すれば、子どもたちはその感動を支えに生きていくことができると信じています。それだけの感動をタブレットからもらえるかというと疑問です。せっかく、絵本を読んだ感動を思い出すのに、絵本そのものの手触りとめくる感覚なども伴って大人になっても思い出してほしいと思います。

百冊の絵本もタブレット一つに入ってしまいます。しかし、紙の絵本百冊が並ぶと、邪魔ですがその量と質感が非常に子どもにとって大事なのです。それを子どもがヨロヨロしながら抱えて持ってきて、「読んで」と言ってくる。あの重さに価値があるのです。これはタブレットを持ってきて「読んで」というのとは意味が違います。

紙の本は現物ですが、タブレットに入った絵本は仮想空間のような感じがしますね。今行われているタブレット学習は必ず問題が出てくると思います。まず視力低下などの健康被害が来て、読解力が落ちることがまず考えられますが、それはすでに言われていることでもあります。

読解力をつけるためのアプリがあるそうですが、それを使った子のお母さんから「全然読解力が伸びない」と相談を受けました。タブレットは常に同じ大きさでページを見るので、おそらく内容が子どもの記憶に残りにくいのだと推測しています。

全部が同じ大きさで、判で押したような書き方をしていれば、記憶にも残らないし、感動もしない。それは当然ではないでしょうか。大きさや手触りが違うからこそ記憶にも残りやすいのです。

今はＡＩとかインターネットとか、便利だからみんなそちらに走ります。でも、子育て自体はアナログが大事だという方向に回帰するのではないかと私は思っています。タブレット教育を推進するにしても、その結果が出るには十五年か二十年はかかるでしょう。ゆとり教育のときと同じで、結果として、その間の子どもたちを育て損なったという結末になるかもしれません。その子たちが大人になったとき、日本人のレベルがさらに下がるのではないかと心配しています。

「教育は百年の計」と言いますから、慎重に進めてもらいたいと切望しています。一方で、家庭教育はより大事になってくるでしょう。家庭教育をきっちりやって、学校で足りない部分を付け足してもらうくらいに考えないといけません。今は学校教育に丸投げしている親が多いのですが、そこは考え直したほうがいいでしょう。教育の原点はやはり、子ども一人ひとりに寄り添える家庭学習にあることを再確認する必要があると思います。

いくら便利でも、それが子どもの成長のために本当に役立つことなのかどうか、親はしっかり見極めて与えていくことです。親がラクだからというのではなくて、子どもにとって何がいいのかを第一に考えていただきたいと思うのです。

おわりに

わが家は、末っ子の娘も今年社会人になり私の子育ても完全に終了しました。子育ては十八歳まで、とはいうものの学生のときにはそれなりに時間を合わせて食事や小旅行には行けていましたが、社会人では、会う回数が圧倒的に少なくなります。親は「早く一人前に」と思いますが、なったらなったでそれなりに寂しいのは、子育ての常ですね。

二十年ほど前、自宅にある絵本をまとめたら、ダンボール約二十箱分になりました。すべてを保存することは家のスペースを考えると無理なので、その中から子どもたちと厳選して四箱分置いておくことにし、そのほかは、娘が幼稚園を卒園したときに園に寄付させていただきました。これから幼稚園に入園してくる小さな子どもたちに読んでもらうと嬉しいなと思ったのです。

子どもたちが、ぜひ残してほしいといった絵本を見ると、「確かにこれは、忘れられないな」という絵本ばかりでした。子どもたちは一冊ずつ残す絵本を選びながら、いろいろと思い出を話していきました。それを聞きながら、私も思い出すことばかりで、ここまで子どもたちの心の中に入り込んでいる絵本の魅力に驚いたと同時に、やはり一万冊をそれぞれの子に読んでよかったと思いました。

手元に残した四箱の中から、絵本を取り出して見てみると、私が毎日読んだ形跡が残っていて、表紙の角がすり減っていたり、こすった傷がありました。その傷をそっと触ると、小さかった子どもたちの声が聞こえてきそうです。あのときは、家事に忙しくしており、お天気の日は外で遊ばせたりしながら、隙間《すきま》の時間に絵本を読んでいました。夕方までにその日のノルマの冊数を読んでおいて、夜寝る前にお布団に川の字に寝て絵本を読んだことを思い出します。

私の右から長男、三男、私、二男の順に寝て、絵本を読みました。一番小さな三男が私にくっつきたがるので、長男は私の真横を譲ってくれるのですが、三男が一番最初に寝てしまった後、三男をそっとずらして、長男が私の隣に来て私は長男と二男の間で、絵本の続きを読んだものです。そうこうしているうちに、二男が寝てしまい、次に長男が寝て私の絵本の時間は終わりという毎日でした。三人の子どもたちの寝顔を確認して、私は、そっと布団から抜け出して、家事の続きをまた始めることの繰り返しでした。
娘が生まれた頃は、上の三人の子どもたちはもう大きくなって、寝るときの読み聞かせはしなくなっていました。今もそのときの光景がまざまざと思い浮かびますが、なんとも言えず「幸せだったな～」と温かい気持ちに包まれます。絵本の読み聞かせの時間は、忙しい毎日の中でオアシスのような感じでした。

今となっては、あれもこれも遠い思い出となってしまいましたが、箱の中から出てきた絵本をちょっと触るだけで、当時の気持ちに引き戻されるのは絵本の読み聞かせの魔力なのだと思います。今でも心の中にそのときの情景の記憶がしっかりと染みついているのでしょう。いまや、それは私にとって何ものにも代え難い一生の宝物となっています。

絵本を、幼い子どもたちに読みながらいつも感じていたのは、絵本の文章の言葉は、子どもたちにとってまるで音楽のように聞こえるのだろうということです。話の面白いあらすじも絵も大事なのですが、表現する言葉が厳選された美しい日本語なので、子どもの耳には心地いい音楽のように聞こえるのだなと思うことも多かったです。絵本作家の方も、読んでいるときに起こる繊細な感情を大事に、言葉を選ばれているのだと思います。せっかくそのような素晴らしい日本語ですので、音の旋律を活かせるように読んであげてほしいと思います。

今は、ＡＩのような文明の利器からは、ありがたくその恩恵を受けることも多いのですが、このような時代だからこそ人が自らの言葉で考えることに意味があるのではないかと思います。その言葉が多ければ多いほど、言葉の持つ意味が豊かであればあるほど、深く思考できると思います。この本が、楽しく幸せな絵本の読み聞かせ生活の一助となればこれに勝る喜びはありません。

子育ては、二歳の子どもを育てながらでも、その後ろに二十歳の子どもの姿を見ながら育てる視点を忘れないようにしなければなりません。子どもは必ず大きくなりますから、今の一瞬一瞬を楽しんでください。

最後になりましたが、致知出版社の藤尾秀昭社長、書籍編集部次長の小森俊司さんには、絵本の魅力について理解していただき、この素晴らしい本ができました。

心より感謝いたします。

令和五年六月

佐藤亮子

〈著者紹介〉
佐藤亮子——さとう・りょうこ
大分県生まれ。津田塾大学卒業後、大分県内の私立高校で英語教師を務める。結婚後は専業主婦として長男、二男、三男、長女の四人の子を育て、全員東京大学理科三類に進学。現在、長男、二男、三男、長女は医師として活躍している。その育児法、教育法に注目が集まり、進学塾のアドバイザーを務めながら、子育てや勉強、受験をテーマに全国で講演を行う。著書に『「灘→東大理Ⅲ」の3兄弟を育てた母の秀才の育て方』（角川書店）『我が家はこうして読解力をつけました』（くもん出版）など多数。

子どもの脳がグングン育つ 読み聞かせのすごい力

令和五年七月二十五日第一刷発行

著　者　佐藤　亮子
発行者　藤尾　秀昭
発行所　致知出版社
〒150-0001 東京都渋谷区神宮前四の二十四の九
TEL（〇三）三七九六—二一一一
印刷・製本　中央精版印刷

ISBN978-4-8009-1286-2 C0037
ホームページ　https://www.chichi.co.jp
Eメール　books@chichi.co.jp
装幀・本文デザイン——フロッグキングスタジオ
帯写真——山下 武
編集協力——柏木孝之

人間力を高める致知出版社の本

1日1話、読めば心が熱くなる 365人の仕事の教科書

◉

藤尾　秀昭 監修

◉

365 人の感動実話を掲載したベストセラー。
母と子の胸が熱くなる逸話も多数収録。

◉A5判並製　◉定価＝本体2,585円（10% 税込）